1591

DAS BUCH   Natürlich wurde auch im Dritten Reich gelacht – aber anders als heute. Vom diffamierenden Witz der Nazis über die eher harmlosen Flüsterwitze bis zum bitteren Spott der Verfolgten: Rudolph Herzog beleuchtet alle Bereiche des Lebens unter Hitler. Dadurch kommt er ungewöhnlich nah an das, was die Menschen wirklich dachten, was sie ärgerte, was sie zum Lachen brachte; auch an das, was sie wussten und was sie geflissentlich ausblendeten. Die Reaktion der Staatsgewalt wiederum, die die Witze sehr genau registrierte und sich dadurch herausgefordert fühlte, zeigte, was die Machthaber fürchteten. Die Analyse des Humors im Nationalsozialismus gibt einen tiefen Einblick in die wahren Befindlichkeiten der sogenannten Volksgemeinschaft.

»Ein spannendes Sachbuch« *(Der Spiegel)*

DER AUTOR   *Rudolph Herzog* ist Autor und Regisseur und machte sich mit der Serie »The Heist« (2004) einen Namen. Seither drehte er über ein Dutzend Dokumentarfilme für ARD, ZDF, arte, National Geographic und BBC. Zuletzt erschien von ihm »Der verstrahlte Held und anderer Irrsinn aus dem Atomzeitalter« und »Truggestalten«.

Rudolph Herzog

Heil Hitler, das Schwein ist TOT!

Lachen unter Hitler – Komik und Humor im Dritten Reich

Kiepenheuer & Witsch

MIX
Papier aus verantwor-
tungsvollen Quellen
FSC® C083411

Verlag Kiepenheuer & Witsch, FSC® N001512

1. Auflage 2018

Umschlaggestaltung: Sabine Kwauka
Umschlagmotiv: © Viorel Sima / Shutterstock.com
Gesetzt aus der Albertina und der Ellington
Satz: Buch-Werkstatt GmbH, Bad Aibling
Druck und Bindung: CPI books GmbH, Leck
ISBN 978-3-462-05170-4

INHALTSVERZEICHNIS

VI. Humor und Ve3rnichtung

VII. »Auschwitz-Gelächter«? Humor und Nationalsozialismus von der Nachkriegszeit bis heute

I. POLITISCHER HUMOR UNTER HITLER – EINE INNENANSICHT DES DRITTEN REICHES

Die Legende vom »Flüsterwitz«

Darf man über Hitler lachen? Regelmäßig taucht diese Frage in der öffentlichen Diskussion wie ein Irrlicht auf. Keine Frage: Angesichts der Dimension des Schreckens, des Holocaust, fällt es schwer, einen satirischen Blick auf das Dritte Reich zu werfen. Schnell bringt man sich in den Verdacht, zu verniedlichen und zu verharmlosen. Doch haben sich immer wieder Humoristen an das heikle Thema herangetraut. Seine stärkste Wirkung entfaltet der Anti-Nazi-Humor, wenn er entlarvend und lakonisch wirkt. Ist es also legitim, sich Auschwitz auch mit den Mitteln der Satire anzunähern? Oder wird das eigentlich Unaussprechliche auf diese Weise trivialisiert? Tatsache ist jedenfalls, dass über Hitler gelacht wurde, und zwar auch während der zwölf Jahre des Dritten Reichs. Politische Witze gab es während der Diktatur sogar wie Sand am Meer. Manche sind heute noch gut, andere wirken banal, schlecht, harmlos. Ihre Gemeinsamkeit liegt vor allem darin, dass sie einen Einblick in die wahre Befindlichkeit der Hitler'schen »Volksgemeinschaft« geben. Sarkastische, spöttische Bemerkungen galten meist Dingen, die dem Volk wirklich auf den Nägeln brannten. Auch Komiker bedienten sich während der Nazizeit des politischen Humors; dazu gehörten linke Oppositionelle, aber auch solche, welche den braunen Machthabern durch ihre Späße Schützenhilfe gaben. Durch die Analyse politischer Witze kommt man ungewöhnlich nah heran an das, was die Menschen des untergegangenen »Tausendjährigen Reichs« wirklich dachten, was sie ärgerte, was sie zum Lachen brachte; auch an das, was sie wussten und was sie geflissentlich ausblendeten. Zugleich verrät die Reaktion der Staatsmacht, die sich durch Komiker und Witzemacher immer wieder herausgefordert sah, welche Witze die Machthaber fürchteten. So soll dieses Buch eine Reise in eine vermeintlich humorlose Zeit sein – nicht, um den Leser zum Lachen zu bringen, sondern um die deutsche Gesellschaft jener schrecklichen Jahre aus einer anderen Perspektive zu betrachten. Die Moraldiskussion der Nachkriegszeit wird dabei nicht unterschlagen, doch steht sie nicht im Zentrum der Betrachtung.

Die Quellen, auf die dieses Buch zurückgreift, sind die Aussagen von 20 Zeitzeugen aus verschiedenen Städten, die im Rahmen eines parallel entstandenen Filmprojekts befragt wurden. Dazu zählten etwa die Weggefährten eines von den Nazis ermordeten Pfarrers, der Sohn eines berühmten Affendresseurs und der Kabarettist Dieter Hildebrandt. Eine wichtige Rolle spielten außerdem die Biografien bekannter Komiker und die sogenannten »Flüsterwitzsammlungen«

der Nachkriegszeit[1]: Nach dem Krieg erschienen gut ein halbes Dutzend Bücher mit politischen Witzen aus den Jahren der NS-Diktatur. Wer im stillen Kämmerlein über Hitler lachte, so wollten die Herausgeber dieser Scherz-Kompilationen glauben machen, der war im Grunde ein Nazigegner, wenn nicht sogar ein Widerständler. Erst die jüngere Forschung hat diese zwar schöne, aber auf Wunschdenken basierende Vorstellung als Legende entlarvt.[2] Politische Witze waren keine Form aktiven Widerstands, sondern Ventile für aufgestauten Volkszorn. Sie wurden am Stammtisch erzählt, in der Kneipe, auf der Straße – um wenigstens für einen Augenblick, in der Befreiung des Lachens, Dampf abzulassen. Dies konnte dem Naziregime, das sich zutiefst humorlos gab, nur recht sein. Zwar waren sich viele Deutsche der Schattenseiten der NS-Gesellschaft bewusst, zwar ärgerten sie sich über die Zwangsmaßnahmen, die »Bonzen« und die staatliche Willkür, doch aufgemuckt wurde deswegen nicht. Um es überspitzt zu formulieren: Wer seinem Ärger durch bissige Scherze Luft machte, der ging nicht auf die Straße oder forderte die Obrigkeit auf andere Weise heraus. Bezeichnenderweise hat man die große Mehrheit der Witzeerzähler, die tatsächlich denunziert und vor Sondergerichte gezerrt wurden, eher milde bestraft, ja, sie manchmal nur mit einer Abmahnung laufen lassen. Die sogenannten »Flüsterwitze« waren keine Manifestation von

---

1 Unter diesen Anthologien ist die Sammlung von SELLIN hervorzuheben: Der besondere Wert dieser Quelle liegt in ihrem Erscheinen unmittelbar nach dem Zusammenbruch des Dritten Reiches (1946) begründet, während andere Flüsterwitzsammlungen eine solche zeitliche Nähe zum historischen Gegenstand vermissen lassen.

2 Vgl. WÖHLERT, S. 7f.

Zivilcourage, sondern ihr Surrogat. Auch die Aussagen der zu diesem Thema befragten Zeitzeugen widersprechen der Auffassung, politische Witze habe man in der NS-Zeit nur flüsternd und heimlich erzählen können. In der vergifteten Atmosphäre der letzten Kriegsjahre kam es allerdings vereinzelt zu drakonischen Urteilen, von denen noch die Rede sein wird. In dieser Schlussphase, während der sich das NS-System gegen das unabwendbare Schicksal seines Untergangs aufbäumte, kursierten auffällig viele »scharfe« Witze. Wie weit sie verbreitet waren, kann man freilich nicht genau beziffern.

Die große Mehrheit der politischen Scherze aus den Hitlerjahren war aber im Kern unkritisch und eher auf die menschlichen Schwächen der Machthaber gemünzt als auf ihre Verbrechen. Zahlreiche Witze gab es beispielsweise über Hermann Göring, dessen barockes Äußeres und dessen Vorliebe für Prunk und Orden die Fantasie der Menschen beflügelte. Nicht harte Kritik, sondern kindlich anmutende Zuneigung spricht aus vielen dieser Scherze:

Göring hat neuerdings quer über seine Ordensschnalle einen Pfeil als Richtungsanzeiger: »Fortsetzung auf dem Rücken«.

Dass Göring ein Sadist war, der zum Massenmörder wurde, dies war kein Thema des politischen Humors. Meist begegnet uns Göring im satirischen Kontext als eitler, aber liebenswerter Fettsack. Gerade seine demonstrativ nach außen gekehrten menschlichen Schwächen machten den zweiten Mann im Nazistaat bei der Bevölkerung beliebt.

Dass er kaltblütig, zynisch und menschenverachtend handelte, schmälerte nicht die Sympathie, die für ihn bis zu seinem Selbstmord empfunden wurde.

»Führer befiel, die Folgen tragen wir!« – Politischer Witz zwischen Kritik und Fatalismus

Nun gab es wie gesagt auch andere Witze, aus denen blanker Hass und Ablehnung sprach. Es war jene Kategorie, die laut einem Berliner Zeitzeugen »sichere Witze« genannt wurden – nicht etwa, weil diese Scherze die Menschen sicher zum Lachen bringen konnten, sondern weil sie den Witzbold »sicher ins KZ« bringen würden. Doch gibt es Argumente, dass selbst die kritischsten Witze der Nazizeit systemstabilisierend wirkten. Für diese These spricht vor allem deren Ton, ihr lähmender Fatalismus. Auch wenn diese Witze offen regimekritisch waren, schwang meist mit, man könne ja doch nichts gegen die Missstände unternehmen. So wurde beispielsweise die Parole »Führer befiel, wir folgen« verballhornt; nun sagte man: »Führer befiel, die Folgen tragen wir«, ganz so, als könne man am von oben befohlenen Unglück ohnehin nichts ändern. Ähnlich im Ton ist auch folgender Witz, der in Wien erzählt wurde:

Plakat des Winterhilfswerkes im Winter 1943/44: »Keiner darf hungern, keiner darf frieren.« Sagt ein Arbeiter zum anderen: »Ach, das dürfen wir auch nicht?«

Eine solche resignative Haltung, die sich auch im Humor niederschlägt, findet allerdings nicht nur im »deutschen« Witz Ausdruck. Sie gilt auch als typisches Kennzeichen des jüdischen Humors, der allerdings drastischer, kompromissloser und selbstironischer klingt:

> *Nazi-Deutschland. Ein Schweizer besucht einen jüdischen Freund: »Wie kommst du dir vor unter den Nazis?« »Wie ein Bandwurm: Ich schlängle mich Tag für Tag durch die braunen Massen und warte, dass ich abgeführt werde.«*

Der grundlegende Unterschied der zwei Witzarten liegt weniger in ihrem Ton oder ihrer Schärfe als in ihrer Funktion. Während der politische Flüsterwitz vor allem ein Ventil für die aufgestaute Frustration der Bevölkerung bot, kann man den jüdischen Witz als eine Form des Sich-Mutmachens interpretieren, oder, wie Salcia Landmann pointiert formuliert, als einen Ausdruck des Überlebenswillens der Juden, trotz aller Widrigkeiten weiterzuleben.[3] In ihm wird der täglich erfahrene Schrecken aufgearbeitet. So spricht selbst aus dem schwärzesten jüdischen Humor immer noch ein trotziger Wille, als wolle der Witzeerzähler sagen: Ich lache, also lebe ich. Ich stehe zwar mit dem Rücken zur Wand, meinen Humor werde ich aber nicht verlieren. In folgendem Beispiel aus den letzten Kriegsjahren wurde dies auf die makabere Spitze getrieben:

---

3   Vgl. LANDMANN, S. 12

Zwei Juden sollen erschossen werden. Da heißt es auf einmal,
sie sollen doch erhängt werden. Da sagt der eine zum anderen:
»Siehst du, jetzt haben sie noch nicht einmal mehr Patronen!«

Zwar ist die Situation für die zwei Juden in diesem Witz aussichtslos, doch für das jüdische Volk gibt es die Hoffnung, dass das Nazireich kurz vor dem Zusammenbruch steht. So lakonisch, düster und abgeklärt zugleich erlebt man nur den jüdischen Humor. Dass das zitierte Beispiel sich in seiner Aussage und in seinem Ton so klar von dem erwähnten Göring-Gag unterscheidet, zeigt auch, wie unterschiedlich das Dritte Reich innerhalb der deutschen Gesellschaft wahrgenommen wurde und wie scharf sich die Perspektive von Opfern und Mitläufern unterschieden.

Was Witze uns verraten können

Doch Humor ist nicht allein an die Gruppenzugehörigkeit der Erzähler und Zuhörer gebunden, er ist auch in seiner Gesamtheit nur aus dem gesellschaftlichen Kontext der Zeit heraus verständlich. Viele der Scherze, gerade die der professionellen Spaßmacher und Komiker der Nazizeit, sind aus heutiger Perspektive kaum noch als solche zu erkennen. Manchmal ist es geradezu unvorstellbar, dass sich die Menschen über Witzchen königlich amüsierten, die auf den heutigen Betrachter schal, platt und behäbig wirken. Sie zu betrachten und zu interpretieren ist dennoch von Nutzen, spiegelt sich doch im Witz, was die Menschen wirklich beschäftigte, amüsierte und ärgerte. Die Innenansicht des

Dritten Reichs, die sich damit eröffnet, besitzt eine Authentizität, die man bei der Betrachtung anderer zeitgeschichtlicher Dokumente meist vermisst.

Unsere Wahrnehmung der Hitlerjahre gründet, auch wenn wir uns das nicht gerne eingestehen, zu einem großen Teil auf den Propagandafilmen der Zeit. Dabei sind die Wochenschauen, die Riefenstahl-Filme, die immer wieder in historischen Dokumentationen zitiert werden, bekanntermaßen von ihren Machern durchinszeniert und ideologisch vergiftet. Sie sind nie Abbild der Realität, nie Ausdruck dessen, was wirklich in diesem System vorging. Noch heute entfalten sie eine trügerische Wirkung, eine Macht der Bilder, die sich selbst durch die vorsichtigste Kommentierung nicht vollkommen zurückdrängen lässt.

Es sind nicht nur die filmischen Dokumente, die unsere Perspektive verzerren, auch unser eigener Standpunkt spielt eine Rolle. Wir betreiben Rückschau, wohl wissend, wo der Weg dieses teuflischen Systems mündete. Die Schrecken des Holocaust und des Vernichtungskrieges sind im heutigen Bewusstsein so präsent, dass die Jahre, die dorthin führten, in den Hintergrund gerückt sind. Die tausend Schraubendrehungen, die erst den Rechtsstaat und schließlich beinahe jede Form humanen Handelns erstickten, geraten dabei aus dem Blick. Richtig fest im Sattel saßen die braunen Machthaber anfangs nicht. Zunächst kam die Phase der ideologischen »Gleichschaltung«, in der die Nationalsozialisten Gegner aus dem Weg räumten, indem sie sie mundtot machten oder ermordeten. Trotz aller Brutalität vollzog sich dabei die Umformung der Weimarer Gesellschaft zur nationalsozialistischen »Volksgemein-schaft« nicht von heute auf morgen. Über die Stimmung in der Bevölkerung während der frühen Jahre der NS-Herr-schaft geben uns die Witze dieser Zeit, auch die der pro-fessionellen Komiker, auf besondere Weise Auskunft. Sie kommentierten und persiflierten das politische Gesche-hen und stellten einzelne Vorgänge in ein grelles Schein-werferlicht, während andere, die aus heutiger Sicht un-gleich bedeutungsvoller erscheinen, selten oder gar nicht zur Sprache kamen. Insgesamt, so wollen es die Berichte des Geheimdiensts SD, stand die Bevölkerung in den Vor-kriegsjahren trotz der harten Linie der Machthaber hinter Hitler. Zwar konnte von überschäumender Begeisterung, wie sie in den Wochenschauen suggeriert wurde, nur be-dingt die Rede sein. Doch die Deutschen waren mehr-heitlich zufrieden mit ihrer politischen Führung, der au-ßenpolitisch so viel zu glücken schien. Dies schlug sich natürlich auch in den politischen Witzen nieder, die, wie bereits ausgeführt, meist eher harmlos-albern wirken. Erst mit Ausbruch des Zweiten Weltkriegs begann die Stim-mung in der Bevölkerung zu schwanken. Spätestens mit der Niederlage von Stalingrad und den ersten Wellen des Bombenkrieges gegen deutsche Städte wurde der politi-sche Humor zum Galgenhumor, wich Albernheit blan-kem Sarkasmus.

So soll dieses Buch, in dem es beschreibt, wie und warum unter Hitler gelacht wurde, einen Blick auf die vielen Verän-derungen unterworfene Befindlichkeit der Deutschen wäh-rend der zwölf Jahre der Nazidiktatur werfen. Dabei wird nicht zuletzt deutlich werden: Das Dritte Reich war nicht so monolithisch, wie es sich gerne in den Wochenschauen gab; die NS-Gesellschaft blieb heterogen, geprägt von sehr unterschiedlichen Interessen, Frustrationen, Sorgen und Ängsten, die sich im Humor der Zeit niederschlugen.

II. ENTSTEHUNG UND ENTWICKLUNG DES POLITISCHEN HUMORS

Seit wann gibt es politische Witze?

Die meisten politischen Witze sind Angriffe auf die Machthaber oder auf die vorherrschenden politischen Verhältnisse mit humoristischen Mitteln. Der Staat und seine Repräsentanten werden durch Überzeichnung und Komik der Lächerlichkeit preisgegeben. Dies kann bei manchen Scherzen spielerisch und augenzwinkernd geschehen, bei anderen spürt man förmlich die dahinterstehende Verbitterung. Wie eingangs aufgezeigt wurde, heißt dies noch lange nicht, dass sich die Witzeerzähler gegen das System auflehnen möchten. Politischer Humor ist nicht zwangsläufig eine Form des Widerstandes.

Der politische Humor ist als neuzeitliches Phänomen gedeutet worden. In vergangenen Zeitaltern, so hat man argumentiert, war die Staatsmacht nicht vom Volk, sondern durch Gott legitimiert. Jede Kritik an den Machthabern war gotteslästerlich und somit zu verdammen. Politischer

Witz könne folglich nur in der modernen, säkularen Welt entstehen.[4] An dieser Theorie ist richtig, dass sich die politische Form des Humors erst in der Neuzeit voll entfalten konnte. Dies liegt allerdings weniger in der Säkularisierung der westlichen Welt begründet, sondern ist vor allem auf eine Komplizierung der Machtverhältnisse zurückzuführen, denn seit der Französischen Revolution sind die Beziehungen zwischen den Völkern und ihren Repräsentanten vielschichtiger geworden. Die Angriffsfläche für Satire hat sich damit vergrößert und zugleich haben sich die Möglichkeiten der Bürger zur Äußerung von Kritik vermehrt. Dies bedeutet nicht, dass es in einem durch Gott legitimierten Staat keinen politischen Witz geben kann. Moderne Theokratien, etwa der Iran, geben davon ebenso ein Beispiel wie die Staaten der Antike. Wer das Gegenteil behauptet, der leugnet die allgemein-menschliche Komponente des politischen Humors, welche wenig mit dem Idealbild zu tun hat, das jedes durch Gott legitimierte System vorgaukeln will. Gern lachen die Menschen über die Herrschenden, das ist gewiss immer so gewesen und wird immer so sein. Ob es erlaubt ist oder nicht, ob es als »Majestätsbeleidigung« gilt oder gotteslästerlich ist, das spielt dabei keine Rolle.

Gerade die Bildnisse der Römerzeit lehren uns, dass man in der Antike sogar sehr offensiv mit den Schwächen der Machthaber umging. Die Büsten der Mächtigen strotzen vor schonungslosem Realismus, der Kaiser hat einen Kropf, der Senator ein Doppelkinn. Nichts ist an diesen Menschen ideal, im Gegenteil, all ihre Fehlerhaftigkeit und ihre Schwä-

---

4   Vgl. WÖHLERT, S.15

chen sind dort in Marmor verewigt. Anders als die Griechen hatten die Römer eine auffällige Obsession für körperliche Defekte, die sich auch in der Namensgebung niederschlug. Hatte der unglückliche Barbus einen Rauschebart? Gerne hängte man den Menschen ihr Hinkebein, die Glatze oder die Hasenscharte als Etikett an; der Fantasie schienen keine Grenzen gesetzt zu sein. Ebenso kreativ gingen die Römer mit Schmähungen aller Art um, sie hatten bekanntlicherweise eine Vorliebe fürs Zotige. Die Politiker beschimpften sich untereinander, und das Volk steuerte gerne schlüpfrige Anekdoten bei. Die Machthaber trugen es meist mit Fassung, wie folgende Anekdote, die für den Witzbold folgenlos blieb, beweist:

Irgendwo im Imperium hatte man einen Menschen ausfindig gemacht, der eine verblüffende Ähnlichkeit mit [Kaiser Augustus] hatte. Man stellt ihn dem Kaiser vor, der, überrascht über den Doppelgänger, fragt: »Hör mal, ist deine Mutter einmal in Rom gewesen?« – »Meine Mutter nie, aber mein Vater sehr oft«, war die Antwort.

Der politische Witz setzt damals wie heute an, wo sich eine offene Flanke bietet. Er funktioniert immer dann besonders gut, wenn die Staatsmänner auf einem hohen Sockel stehen. Der Kaiser, Diktator, Zampano, der aus luftiger Höhe herrscht und sich dabei auf allerlei hehre Grundsätze stützt, hat eine enorme Fallhöhe aufgebaut und wird schnell zur Zielscheibe für beißenden Spott. Freilich gilt für den Herrschenden, der Ideale vertritt, dass er sich an den eigenen Ansprüchen messen lassen muss. Nun ist dies nicht immer einfach, denn kein Mensch ist ohne Fehler. Wenn eine zu große Diskrepanz zwischen Ideal und Wirklichkeit besteht, dann hat der Machthaber die Latte zu hoch gelegt und dem Humor Tür und Tor geöffnet. So wird aus dem gottgleichen Kaiser der Geck mit der zweifelhaften Abstammung und aus dem Volkstribun ein Greis mit Adlernase. Diese Art des Spotts findet man in der Antike genauso wie im Mittelalter und in der Moderne.

Humor und die Verarbeitung historischer Traumata

Dass eine Flüsterwitzsammlung zu den ersten Büchern gehörte, die nach dem Zweiten Weltkrieg in Deutschland gedruckt wurden, ist bezeichnend. Dahinter steckte nicht nur Rechtfertigungseifer, sondern auch ein zutiefst menschliches Bedürfnis. Der Mechanismus, traumatische Erlebnisse durch Lachen zu verarbeiten, ist weder erstaunlich noch neu. Er ist in der Geschichte x-fach belegbar, auch mit Blick auf Deutschland. Lange graben muss man nicht, um Beispiele zu finden.

Geradezu idealtypisch begegnet dem Leser dieses Phänomen in der Frühen Neuzeit. Nach dem 30-jährigen Krieg lag Europa in Trümmern, ganze Landstriche waren entvölkert. In Süddeutschland, dem am schwersten verwüsteten Gebiet, hatte kaum ein Drittel der Bevölkerung überlebt. Wer nicht durch Kriegshandlungen gestorben war, der ging an Hunger und Seuchen elendiglich zugrunde. Nichts regte sich in den ersten Jahren nach diesem bis dahin beispiellosen Vernichtungsfuror, der über den Kontinent hinweggefegt war.

Doch dann, im Jahr 1669, war plötzlich wieder eine Stimme zu hören – die des Dichters Grimmelshausen, der den ersten bedeutenden Abenteuerroman der Deutschen schuf. Schon das absurde Pseudonym »German Schleifheim von Sulsfort«, unter dem der Autor auftrat, gibt einen Vorgeschmack auf den Inhalt. Das erste große literarische Werk nach der Apokalypse – ein Witzbuch!

Im *abenteuerlichen Simplicissimus* stolpert ein Viehhirte mitten durch den 30-jährigen Krieg, mal als Quacksalber, mal als Narr im Kalbsgewand. Alles, was ihn umgibt, das Brandschatzen, Morden und Vergewaltigen, ist gleichsam Kulisse für seine Schelmenstücke. Durch die Augen des Toren, der wie ein wildes Tier aufgewachsen ist, sehen wir die Realität als bizarres Zerrbild. Furchtbares Leid widerfährt dem jungen Simplicissimus, doch seine Schilderung der Schrecken, die er am eigenen Leibe zu spüren bekommt, ist launig, von entwaffnender Ironie: Selbst als ein versprengter Soldatentrupp das Heim des jungen Helden überfällt und er von seinen Pflegeeltern jäh getrennt wird, bleibt die Erzählung grotesk-lakonisch:

Das erste, das diese Reuter taten, war, dass sie ihre Pferd einstellten, hernach hatte jeglicher seine sonderbare Arbeit zu verrichten, deren jede lauter Untergang und Verderben anzeigte, denn obzwar etliche anfingen zu metzgen, zu sieden und zu braten, dass es sah, als sollte ein lustig Bankett gehalten werden, so waren hingegen andere, die durchstürmten das Haus unten und oben, ja das heimlich Gemach war nicht sicher, gleichsam ob wäre das gülden Fell von Kolchis darinnen verborgen [. . .].

Grimmelshausen hatte selbst am 30-jährigen Krieg teilgenommen, und sein Roman trägt autobiografische Züge. Aus dem furchtbaren Gemetzel, das der Autor überlebt hatte, wird im *Simplicissimus* eine riesengroße Narretei. Ein Schelmenroman über ein Jahrzehnte währendes Blutbad? Seltsam erscheint dieser Gedanke auf den ersten Blick. Warum schrieb Grimmelshausen nicht einfach eine Chronik? Die Antwort liegt eben in dem angesprochenen allgemeinmenschlichen Bedürfnis, in der Hoffnung, ein Trauma zu überwinden. Angst und Schrecken, so lehrt uns der *Simplicissimus,* sind nur halb so groß, wenn man ihnen ins Gesicht lacht.

Folglich steht am Anfang des deutschen Romans genau das, was noch heute im Kontext der Hitler-Komödie für Diskussionsstoff sorgt. Das Furchtbare scheint Komik geradezu herauszufordern, ja, sie ist im Rückblick auf eine Katastrophe oft das einzig wirksame Gegengift gegen das Grauen. Dass gerade die tiefsten Abgründe zum Lachen reizen, ist durch Dutzende Beispiele belegbar. Dahinter steht eine Disposition, die man bei Grimmelshausen genauso findet wie beim jüdischen Humor.

Der politische Humor in Deutschland seit Ende des 19. Jahrhunderts

So wie die Idealisierung der antiken Kaiser den Spott herausgefordert hatte, so wurden die Herrschenden des Nazireichs in endloser Variation mit dem von ihnen eingeforderten Arier-Ideal verglichen: »Lieber Gott, mach mich blind, dass ich Goebbels arisch find«, lautete einer der beliebten Sprüche. Ob es sich bei dem zitierten Stoßgebet um eine defätistische Äußerung oder um einen harmlosen Scherz handelt, sei dahingestellt. Auffällig ist jedenfalls, dass der politische Humor besonders in totalitären Systemen blüht, in offenen, freien und demokratischen Gesellschaften hingegen kaum zum Zuge kommt. Weder in der Weimarer Zeit noch in der Gegenwart gibt es annähernd so viele Witze über die Mächtigen wie im Dritten Reich und in der DDR. Freilich gibt es in unserer heutigen Gesellschaft unzählige Kabarettisten, die die Politiker aufs Korn nehmen, doch ist dies mit den im Volk kursierenden, spontan entstehenden Witzen aus der Zeit der beiden deutschen Diktaturen nicht vergleichbar.

Im Rückblick nimmt das wilhelminische Kaiserreich eine Zwischenstellung ein. Wenig politische Witze sind verbrieft, was wohl eher mit einem Desinteresse der Forschung zu tun hat, als mit einer vollkommenen Abwesenheit herrschaftskritischer Satire. Ralph Wiener hat einige wenige Beispiele aufgezeichnet, nette, humorige Repliken und Anekdötchen, die so umständlich sind wie die verzopfte Monarchie, in der sie entstanden. Absurd und bissig sind diese Witze nur, wenn sie das unselige Koppelschlosswesen der Zeit aufgreifen. Der Kadavergehorsam in der preußischen Armee, der wuchernde Bürokratismus, die Herzlosigkeit der Behörden und Militärs, das waren die dankbarsten Themen für die Spaßvögel der Zeit. Folgendes Beispiel gehört noch zu den gelungeneren Exemplaren:

Während der Eingeborenenaufstände in Deutsch-Ostafrika er-
lässt das Kaiserliche Ministerium in Berlin folgende Anwei-
sung an die zuständigen Stellen: »Die Eingeborenen sind da-
hingehend zu instruieren, dass sie unter Androhung schwerer
Strafen jeden Aufstand sechs Wochen vor Ausbruch schriftlich
anzumelden haben!«

Der Witz ist zwar aus unserer Sicht nur mäßig komisch, doch er greift gleich mehrere zeitspezifische Phänomene auf. Da ist zum einen das weltfremd-brutale Vorgehen der verspäteten Kolonialmacht, zum anderen das staubige, mäandernde Amtsdeutsch der kaiserlichen Behörden, von dem nicht einmal die Eingeborenen des Schwarzen Kontinents verschont blieben. Für den Bürger des wilhelminischen Reichs mag die Pointe einen schnodderigen Charme entfaltet haben – eine Wirkung, die man heute nur noch erahnen kann, da wir zu viele Generationen von Alltag und Selbstverständnis des Kaiserreichs entfernt sind.

Bräsig und selbstgefällig war das Herrschaftssystem jener Zeit; wer oben war, und wer »Untertan«, das war im Kosmos dieser Welt fest vorgegeben. Allgegenwärtig war der Amtsschimmel, der mal nachsichtig, mal penetrant-bürokratisch in das Leben der Menschen hineinregierte. Die Deutschen hatten sich mit ihrem Leben in der verkrusteten wilhelminischen Gesellschaftsordnung arrangiert. Aus luftiger Höhe lenkte unterdes jener Kaiser den Staat, der wie in Ehrfurcht vor der eigenen Größe erstarrt zu sein schien. Dem Irdischen entrückt wirkte Wilhelm II. mit dem gewichsten Schnauzbart eher wie ein Denkmal seiner selbst als wie ein Mensch aus Fleisch und Blut.

Dem Volk entging die Pose seines Herrschers nicht, und so wurde auch in den politischen Witzen der Zeit das Weltfremde und Selbstverliebte, das den Kaiser umwehte, gern karikiert. Doch blieben die humoristischen Attacken blutleer und ohne verletzenden Ton. Selbst folgender Witz, der den Personenkult um Wilhelm II. aufs Korn nimmt, wirkt aus heutiger Sicht kraftlos:

> *Ein Kunde betritt die Kunstabteilung eines großen Warenhauses, um ein Andenken zu kaufen, sieht aber nichts als Kaiserbüsten, Kaiserbüsten und nochmals Kaiserbüsten. Alle sind aus Gips, eine sieht aus wie die andere. Ratlos steht der Kunde vor diesem erdrückenden Angebot.*
>
> *Ein Verkäufer tritt auf ihn zu, hüstelt und fragt höflich: »Haben Sie schon gewählt?«*

Wenig Reibung ist hier zu spüren. Die Pointe ist brav, auch mit viel Fantasie nicht komisch, beißend oder offen systemkritisch. Die Allgegenwart des zum Denkmal gewordenen Kaisers wird zwar bemängelt, doch mehr als den Zuhörer zum Schmunzeln anregen soll dieser Witz bestimmt nicht. Ähnlich harmlos, wenngleich schon ein bisschen frecher, ist die erste Veröffentlichung eines Schülers namens Kurt Tucholsky, der im Jahr 1907 wegen mangelnder Leistungen im deutschen Aufsatz sitzen geblieben war. Am 22. November 1907 veröffentlichte der Schriftsteller, damals kaum siebzehnjährig, im Satireheftchen *Ulk* die Glosse mit dem Titel »Märchen«:

> *Es war einmal ein Kaiser, der über ein unermesslich großes, reiches und schönes Land herrschte. Und er besaß wie jeder an-*

dere Kaiser auch eine Schatzkammer, in der inmitten all der glänzenden und glitzernden Juwelen auch eine Flöte lag. Das war aber ein merkwürdiges Instrument. Wenn man nämlich durch eins der vier Löcher in die Flöte hineinsah – oh! Was gab es da alles zu sehen! Da war eine Landschaft darin, klein, aber voll Leben: eine Thomassche Landschaft mit Böcklinschen Wolken und Leistikowschen Seen. Reznicekesche Dämchen rümpften die Nasen über Zillesche Gestalten, und eine Bauerndirne Meuniers trug einen Arm voll Blumen Orliks – kurz, die ganze »moderne« Richtung war in der Flöte. Und was machte der Kaiser damit? Er pfiff drauf.

In Tucholskys Text wird der hausbackene Kunstgeschmack des Monarchen vorgeführt; Wilhelm II. interessiert sich weder für die Figürchen Constantin Meuniers noch für den Rilke-Freund Emil Orlik. Alles Neue, Moderne, das den Siebzehnjährigen so fasziniert, prallt an dem in der Vergangenheit gefangenen Kaiser ab. Regelrecht betriebsblind ist der Herrscher aus der Märchenglosse, er ahnt nichts von der Fülle großer Talente, die in seinem Reich schlummert.

Dass der spröde Herrscher die Deutschen in einen fürchterlichen Weltkrieg führte, dessen Dimension er wohl selbst am wenigsten erahnte, wurde hingegen kein Thema des politischen Witzes. Zu naiv war anfangs die Begeisterung, die patriotische Gefühlsduselei, und zu jäh folgte darauf die Ernüchterung. Keinen »Spaziergang nach Paris« bescherte Wilhelm den Deutschen, sondern einen quälend langen und außerordentlich brutalen Stellungskrieg, an dessen Ende die Niederlage des Reiches stand. Erst in der Nachkriegszeit entdeckten Satiriker das Thema – so auch Kurt

Tucholsky, dessen journalistische Karriere durch den lang-
jährigen Fronteinsatz unterbrochen worden war.

Die Umbrüche des 20. Jahrhunderts
und der politische Witz

Zwar wurde der Kaiser nach dem verlorenen Krieg aus dem
Land vertrieben, doch Pomade, Pickelhaube und preußischer Ungeist blieben den Deutschen erhalten. Nach der
Flucht Wilhelms II. im November 1918 wurde Paul von Hindenburg, der 1925 zum Reichspräsidenten gewählt wurde,
in den Augen des konservativen Lagers zu einer Art »Er-
satzkaiser«. In die Demokratie, das moderne Staatswesen,
mochte dieser merkwürdige Mann nicht recht passen, zu
rückwärtsgewandt waren sein Denken, sein Handeln und
seine ganze Erscheinung. Es mag daher nicht verwundern,
dass über dieses Relikt der untergegangenen Epoche besonders gerne gelacht und gefrotzelt wurde. Und wieder waren die Witze zahm, ohne verletzenden Ton. Auch folgender harmlose Jux ist nichts anderes als ein verklausulierter
Liebesbeweis:

*Nach der Schlacht bei Tannenberg 1914 besucht der Armee-
führer Hindenburg Frankfurt am Main. Vor einem Gebäude,
das er nicht kennt, bleibt er stehen und fragt, was das sei. »Das
ist die Paulskirche!«, wird ihm erklärt. Darauf Paul von Hindenburg mit repräsentativer Bescheidenheit: »Oh, das wäre für
die paar Tage nicht nötig gewesen!«*

Zwar kennt sich Hindenburg in dem Witz mit der Demokratie nicht richtig aus – er hat keine Ahnung, dass in der Paulskirche die erste deutsche Nationalversammlung stattgefunden hat –, doch ist dies lediglich ein Symptom jener Trotteligkeit, die ihm das Volk gerne nachsieht. Vor allem interessant ist der Witz jedoch, weil er in minimal abgewandelter Form im Dritten Reich wieder auftaucht. In einem weit verbreiteten »Flüsterwitz« besucht Hermann Göring das Hermannsdenkmal im Teutoburger Wald. Auch hier ist die Pointe: »Dass [ihr mir eigens ein Denkmal hingestellt habt] wäre doch nicht nötig gewesen!« Tatsächlich gibt es etliche Hindenburg-Witze, aus denen ein Jahrzehnt später Göring-Witze wurden. Der Grund dafür ist leicht benannt, denn beide Männer teilten eine Schwäche für den ganz großen Auftritt, den byzantinischen Prunk, die ordensbehangene Brust. So heißt es in einem Volkswitz, der wohl älter ist als die Weimarer Republik:

Petrus flucht wütend: »Jedes Mal, wenn Hindenburg hier zum Wochenende gewesen ist, fehlt mir nachher ein Stern!«

Gleichlautend reüssiert der zahme Scherz im Dritten Reich als Göring-Witz. Nicht einmal mit viel Fantasie ist ernsthafte Kritik in der kleinen Replik verborgen, im Gegenteil, sie wirkt wie eine verbale Verbeugung vor Hindenburg/Göring, welche beide trotz, oder gerade wegen ihrer kindlich anmutenden Repräsentierfreudigkeit verehrt wurden. Dass aus Witzen wie diesem Hass auf die »Bonzen« spricht, ist nicht festzustellen, auch wenn dies mancher Herausgeber der »Flüsterwitzsammlungen« nach dem Ende des Dritten Reiches suggerieren wollte. Beide Witze sind weder spontan noch sarkastisch – und vermutlich gab es sie schon lange vor Anbruch des 20. Jahrhunderts. Sie gehören zu einer Gattung politischen Humors, der im Grunde nur eine hohle Form ist, in die jederzeit ein neuer Inhalt eingepasst werden kann. Die meisten Witze haben ein so eingängiges Muster, dass sie einige Systeme überlebten und sind im Kern apolitisch, auch wenn sie das politische Personal bemühen. Als unglaublich langlebig erwies sich beispielsweise folgender, zunächst an Göring aufgehängte Witz:

> In Deutschland soll eine neue Maßeinheit eingeführt werden:
> 1 Gör = Summe der Orden, die man sich an die Brust heften kann.

In der DDR wurde die Pointe verändert; nach dem kleinen Umbau bezog sich der Witz dann auf Ulbricht und den Moderator des »Schwarzen Kanals«, Eduard von Schnitzler:

> In der DDR wurde Ende der sechziger Jahre eine neue Maßeinheit eingeführt – ein Ulb!
> Ein Ulb ist die Zeit, die ein DDR-Bürger braucht, um aus seinem Sessel aufzustehen, zum Fernseher zu gehen und umzuschalten, wenn Ulbricht spricht.
> – Was ist ein Hundertstel Ulb?
> – Ein Schnitz.

Nach dem Krieg hatte man den Witz nicht nur der Zeit angepasst, sondern gleich noch eine Fortsetzung hinzufabuliert, welche die Pointe nicht steigert, sondern nur in anderer Form wiederholt. Die DDR-Variante ist umständlicher, redundanter als das Original, wodurch ihre komische Wirkung erheblich geschmälert wird. Dass der Witz trotzdem funktioniert, liegt an seinem Muster, das erst Neugier weckt, Spannung aufbaut und dann mit einer cleveren Auflösung trumpft. Beide Witze sind höchstens insofern politisch, als sie Vertreter der herrschenden Kaste als eitel oder als dröge charakterisieren. Da hier nicht auf Normenverstöße oder krasses Fehlverhalten gezielt wird, ist die politische Sprengkraft der Witze gering. Es sind nette verbale Figürchen, die den Zuhörer zum Schmunzeln bringen sollen – nicht mehr und nicht weniger.

Schon etwas kitzliger ist folgendes Frage-und-Antwort-Spiel, das erstmals am Ende des Ersten Weltkriegs auftaucht:

> *»Wer wird gerettet, wenn der Kaiser, sein Kanzler und seine Generäle übers Meer fahren und das Schiff umkippt?«* Antwort: *»Deutschland«.*

Exakt der gleiche Witz begegnet uns am Ende des Zweiten Weltkriegs wieder, nur sind an die Stelle von Kaiser, Kanzler und Generälen jetzt Hitler, Göring und Goebbels gerückt, die für die drohende Niederlage Deutschlands verantwortlich gemacht werden. 17 Jahre war das offen regimekritische Fragespiel in Vergessenheit geraten, doch in den Bombennächten des Dritten Reichs, den letzten Zuckungen der Schreckensherrschaft, wurde es wieder aus der Mottenkiste hervorgeholt. Geht der Witz auch so weit, dass den Machthabern offen der Tod gewünscht wird, ein fatalistischer Zug bleibt auch hier bestehen: Es ist der glückliche Zufall, die tödliche Kraft des Meeres, die Deutschland rettet, nicht etwa eine Revolte. Das Volk hofft auf eine schicksalhafte Errettung von der Tyrannei, aus diesem Gedankenspiel folgt aber kein Appell zur Tat, kein Aufbegehren. Dies gilt auch für die Witzvariante, in der die Naziführer im Bunker sitzen und durch einen Bomben-Volltreffer getötet werden. In diesem Fall übernehmen die Kriegsgegner den Tyrannenmord anstelle der Naturgewalt.

Ein weiteres Muster, das weit zurückreicht, kommt ohne den bitteren Sarkasmus des vorangegangenen Beispiels aus. Das Wortspiel bezog sich in seiner ursprünglichen Form auf den Reichskanzler und späteren Außenminister Gustav Stresemann, der wegen der Unterzeichnung umstrittener internationaler Verträge immer wieder in der öffentlichen Kritik stand:

> Stresemann ist mit einem Sonderzug unterwegs. Auf einer kleinen Station gibt es eine Riesenaufregung, weil der Zug wegen eines Gleisschadens halten muss.
> Der Fahrdienstleiter wird sofort verhaftet, denn er rief auf dem Bahnsteig mit voller Stimmstärke aus: »Bitte zurücktreten!«

Zwar ist der Ruf nach Rücktritt Stresemanns, der in der Pointe enthalten ist, nur ein kleiner Nadelstich, der dem Witzbold in einem demokratischen System verziehen wird, im Kontext einer Diktatur steckt in einer solchen Forderung jedoch mehr Sprengkraft. Der Berliner Kabarettist Werner Finck hat, wie der Zeitzeuge Carl Schulz berichtet, kurz vor Ausbruch des Zweiten Weltkriegs einen Hitler-Sketch nach dem zitierten Muster gestrickt, welcher dann unter den Augen argwöhnischer Geheimpolizisten im *Kabarett der Komiker* zur Aufführung gebracht wurde.

Nach der Machtübernahme wurde angeordnet, in allen Amts-
stuben Hitler-Bilder aufzuhängen. Daraus hat Werner Finck
dann gleich einen Spaß gemacht [...] Da kam der [Direktor
des Kabaretts der Komiker] Willi Schaeffers mit einem Bild
auf die Bühne, trug es aber so, dass man nur die Rückseite sah.
Aber jeder ahnte sofort: Es ist ein Hitler-Porträt. Plötzlich stol-
perte Schaeffers und ließ fast das Bild fallen. Finck eilte auf ihn
zu und rief erschrocken: »Nicht stürzen, nicht stürzen!«, worauf
großes Gelächter ausbrach.

Aus heutiger Sicht mag die Pointe blass wirken, doch in
der aufgeheizten Stimmung, die im nationalsozialistischen
Deutschland vor Kriegsbeginn herrschte, war sie nicht ohne
subversive Kraft. Niemand durfte sich ungestraft erlauben,
auf offener Bühne über den Sturz des Diktators laut nach-
zudenken. So lebt Fincks frecher Sketch vor allem von dem,
was nicht gesagt wird, was in den Köpfen der Zuschauer
stattfindet. Dass die Menschen lachten, zeigt jedenfalls, dass
sie den Witz goutierten.

Wenn das Volk in den letzten Jahren der Weimarer Republik
über seinen greisen Reichspräsidenten witzelte, waren der-
lei Spitzfindigkeiten nicht vonnöten. Die ungeliebte Demokratie lag in den letzten Zügen, und mit ihr der Repräsen-
tant an der Spitze des Staates. In den Jahren vor seinem Tod
hatte sich Paul von Hindenburg immer mehr aus dem öffentlichen Leben zurückgezogen. Er lebte abgeschieden auf
seinem Gut, umringt von Günstlingen und Speichelleckern.
Seine Macht hatte der selbstherrliche Preußenmarschall
weitgehend an ein Küchenkabinett abgegeben, das munter in die große Politik hineinregierte. Dem aufstrebenden

»Führer« der NSDAP waren diese eitlen Schranzen jedoch nicht gewachsen. Hindenburgs Staatssekretär Meißner und sein Sohn Oskar waren chancenlos gegen Hitler, der sich aus der bayerischen Lokalpolitik nach Berlin hochgekämpft hatte. Hindenburg wäre der Einzige gewesen, der dem Demagogen aus der Provinz hätte Einhalt gebieten können. Doch der alte Mann wirkte in seinen letzten Lebensjahren genauso desinteressiert am Erhalt des ungeliebten Weimarer Staates wie die Bürger selbst. Der Machtverlust des Reichspräsidenten wurde im Volk aufmerksam verfolgt. In Berlin kursierte das nicht ganz ernst gemeinte Gerücht:

Eines Tages streiten sich Hindenburgs Sohn Oskar und Staatssekretär Meißner über eine Frage, die sie im Namen des Reichspräsidenten entscheiden wollen.
Schließlich sagt Staatssekretär Meißner: »Hören Sie mal, wer ist eigentlich Präsident, Sie oder ich?«

Sicher entging es den Menschen nicht, dass Oskar von Hindenburg und Meißner nicht in die Schuhe des senilen Princeps passten. Zugleich wurde wenig respektvoll über die fortschreitende Demenz des Reichspräsidenten getuschelt und gelacht. Man erzählte, Hindenburg habe nach einem Besuch Hitlers auf seinem Gut Neudeck gefragt, seit wann denn der ehemalige Reichskanzler Brüning einen Schnurrbart trage? Zwar war die Anekdote frei erfunden, doch sie sollte bald auf gespenstische Weise von der Realität eingeholt werden. Hitler jedenfalls berichtete, bei seiner letzten Unterredung mit dem moribunden Feldmarschall habe ihn dieser wiederholt mit »Majestät« angeredet.

Ein weiterer Demenzwitz, der in verschiedenen Versionen in der ausgehenden Weimarer Zeit kursierte, lautete so:

Ein Straßenkehrer, der schon zum zehnten Mal an einem Tag vor dem Präsidentenpalais Laub fegt, wird von einem Passanten zur Rede gestellt: »Warum kehren Sie denn jetzt schon wieder?« – »Weil der Reichspräsident sonst jedes Blatt unterschreibt.«

Humor und Kultur in der Weimarer Republik

Das Ende der Geschichte, das in dem Scherz antizipiert wird, nämlich Hindenburgs Unterschrift, die Hitler zum Reichskanzler machte, ist bekannt. Über die Todeszuckungen der untergehenden Demokratie und den Griff der Nazis nach der Macht ist viel geschrieben worden; daher soll auf die geschichtlichen Vorgänge nicht weiter eingegangen werden. Mit der Nazidiktatur verschwand auch jene Gesellschaft, die in den »Goldenen Zwanzigern« ein blühendes Kulturleben – ein Paradies zumindest für diejenigen, die die Möglichkeit und Finanzkraft hatten daran teilzunehmen – hervorgebracht hatte.

Für Satiriker und Komiker waren die Jahre der Weimarer Republik eine verhältnismäßig unbeschwerte Zeit. Vor allem in der Glitzermetropole Berlin blühten die Bühnen und Kellertheater, und vor den Toren der Stadt drehte die UFA unzählige Komödien. Der Direktor des größten deutschen Filmstudios war der unappetitliche, selbstgerechte

Rechtsaußen Alfred Hugenberg, der das von Arbeitslosigkeit und Inflation geplagte Volk mit allerlei seichten Lustspielen vom grauen Alltag ablenkte. Die meisten dieser vollkommen apolitischen Zeitgeistprodukte sind heute zu Recht vergessen. Eine der Ausnahmen ist der Straßenfeger des Jahres 1930, der Heinz Rühmann zum Durchbruch verhalf: *Die Drei von der Tankstelle*. Der generationsübergreifende Erfolg dieses naiv-witzigen Streifens lässt sich kaum aus der einfältigen Story erklären. Seinen kindlichen Charme erlangt der Film vor allem durch die Musikeinlagen, die seinerzeit regelrechte Gassenhauer waren. »Ein Freund, ein guter Freund, das ist das beste, was es gibt auf der Welt ...« – dieser munter geträllerte Ohrwurm ist noch heute ein Begriff. Außerdem sorgte die hochkarätige Besetzung für eine enorme Breitenwirkung des Films. Die umständlichen, bisweilen albernen Gags, die weit mehr Raum als die Handlung einnehmen, sind verzeihlich und durch und durch Produkte ihrer Zeit. Das hektische Tempo der Postmoderne findet man in dieser Komödie nicht, dafür aber den lebensbejahenden, unschuldigen Charme der Roaring Twenties.

Mit *Die Drei von der Tankstelle* begann der kometenhafte Aufstieg des Nachwuchskomikers Heinz Rühmann, der es im NS-Deutschland zum »Staatsschauspieler« von Goebbels Gnaden brachte. Ein ungleich schrecklicheres Schicksal erwartete seinen Filmpartner, den jüdischen Kabarettisten Kurt Gerron. In *Die Drei von der Tankstelle* spielt Gerron einen feisten Anwalt, der den Helden auf unverwechselbar absurde Weise beibringt, dass sie restlos bankrott sind. Das dadaistisch anmutende Telefonat zwischen Rühmann und

Gerron ist einer der großen Höhepunkte des Films. Es ist ein Aufeinandertreffen zweier Talente, der Jüngere mit einer großen Zukunft, der Ältere bereits auf dem Zenit seiner Schauspielkarriere.

Gerron, der schon in *Der Blaue Engel* als zwielichtiger Zauberkünstler geglänzt hatte, machte zwar noch in den 30ern eine kurze, steile Karriere als Regisseur, in Erinnerung bleibt er aber vor allem als Charakterdarsteller, als liebenswerter Dickwanst. Er und seine jüdischen Komikerkollegen haben die Zeit zwischen den Kriegen geprägt. Der Humor der überdrehten Zwanziger lebte von Kabarettisten, Clowns und Satirikern wie Gerron oder Otto Wallburg, jenem Mann, der in rund 50 Filmen lebensfrohe Typen darstellte, vom einfachen Menschen bis zum Konsul. Beliebt war Wallburg vor allem für seine merkwürdige, sich überschlagende Sprechweise, das »Blubbern«, das später dutzendfach kopiert wurde. Dann gab es Willy Rosen, dessen witzige musikalische Arrangements auf etlichen Bühnen, wie der Berliner *Scala* und dem *Kabarett der Komiker,* begeisterten Anklang fanden. Schier endlos war sein Repertoire cleverer Couplets. In Wien – neben Berlin die Hauptstadt des jüdischen Witzes – brillierte Fritz Grünbaum, ein kleiner, wieseliger Mann mit einer spitzen Zunge. Außerdem gab es als Sahnehäubchen Grünbaums hochgewachsenen Partner Karl Farkas, den Mann mit Adlernase und Improvisationstalent. Im Handumdrehen konnte er aus jedem ihm zugerufenen Wort einen Knittelreim flicken:

Einmal, von einem antisemitischen Stänkerer im Publikum provoziert, einen Reim auf »Judenbengel« zu finden, nimmt er

eine Rose aus der Vase und reimt: »Hier ist die Rose, da ist der
Stengel. Hier ist der Jud' und da ist der Bengel!«

Grünbaum und Farkas waren ein Paar wie Pat und Patachon und in Wien mindestens genauso beliebt und bekannt. Durch die Lustspiele alberte sich indes Paul Morgan, während Friedrich Hollaender die Musik dazu lieferte … Beliebig lässt sich diese Aufzählung fortsetzen. Kurzum war es eine Festzeit jüdischen Humors, und die ganze Nation lachte mit. Innerhalb weniger Jahre sollte es damit vorbei sein. Die witzigen Alltagsbetrachtungen, die ironischen Couplets und die spitzfindigen Conférencen verstummten. Auf manchen jüdischen Komiker wartete das Exil, auf Kurt Gerron, Otto Wallburg, Willy Rosen, Fritz Grünbaum und viele andere der Tod in Hitlers Vernichtungsmaschinerie.

III. DIE PHASE DER MACHTERGREIFUNG

»Na, suchst du auch Pöstchen?«

Der Volkswitz und die Reaktionen auf die Machtergreifung

Die Nazis gelangten in einem Augenblick an die Macht, an dem sie den Zenit ihrer Popularität bereits überschritten hatten. In den Wahlen vom 6. November 1932 blieb die NS-DAP zwar die stärkste Partei, musste aber verheerende Verluste in Höhe von zwei Millionen Stimmen bzw. 34 Mandaten hinnehmen, während die Konkurrenz am linken Rand, aber auch die Deutschnationalen deutlich zugelegt hatten. Der Weg zur Macht schien damit verbaut, doch die Fehlkonstruktionen innerhalb des Weimarer Systems und die überaus unglückliche Personenkonstellation an der Spitze des Staates ermöglichten, dass Hitlers Griff nach der Macht nur wenig später dennoch Erfolg hatte. Heute weiß man, wie sehr das bürgerliche Lager Adolf Hitler unterschätzt hat, wie mühelos sich die Schleichers, Hugenbergs und Papens von dem Provinzdemagogen gegeneinander ausspielen ließen. Rückblickend kann man nur schwer nachvollziehen, warum sich die bürgerlichen Politiker so leicht von Hitler manipulieren ließen. Es mag an der Erscheinung des Mannes gelegen haben, der mal linkisch, mal überheblich auftrat und der in Bierzelten den Schreihals gab. Schrill und circensisch wirkten die Veranstaltungen der Partei; ihr »Führer« führte sich merkwürdig auf, zog in endlosen Tiraden über Juden und Bolschewiken her, predigte Deutschtum und schrieb verquaste Bücher in kläglichem Deutsch. All das Wahnhafte und Überzogene der Naziideologie wird den Würdenträgern Weimars bewusst gewesen sein. Als gefährlich schätzten sie Hitler deshalb nicht ein. Im Gegenteil, man glaubte den Radaumacher an die Kette legen zu können, indem man ihn in die Verantwortung einband. Dass der Mann nicht nur ein Bierzeltdemagoge, sondern auch ein überaus gewiefter Politiker war, der geschickt zu lavieren und zu modulieren verstand, das haben nur wenige Zeitgenossen geahnt. Mit der NSDAP verbanden die meisten Bürgerlichen die SA-Rabauken, welche mit Pluderhosen und Schalmeien durch die Straßen zogen. Ihr selbst ernannter »Führer« mit dem knappen Bärtchen wurde sträflich unterschätzt. So urteilte ein Polizeibericht von 1927 folgendermaßen über Hitlers Redekünste:

> [Hitler] *spricht frei, zuerst mit langsamer Betonung, später überstürzen sich die Worte, bei mit übertriebenem Pathos vorgetragenen Stellen kommt die Stimme gepresst und nicht mehr verständlich zu Gehör. Er gestikuliert mit den Armen und Händen, springt erregt hin und her und sucht das aufmerksam ihm lauschende, tausendköpfige Publikum stets zu faszinieren. Wenn der Beifall ihn unterbricht, streckt er theatralisch die Hände aus. Das Nein, das im späteren Fluss der Rede oft*

vorkommt, mutet schauspielerisch an, ist auch gewollt betont. Die rednerische Leistung an und für sich war [...] dem Berichterstatter nichts Hervorragendes.[5]

Hitler, eine Witzfigur? Wenn die bizarren braunen Kolonnen vorbeizogen, auf den Lippen »germanisches« Liedgut, dann wird manch linker Intellektueller am Wegesrand nicht gewusst haben, ob er lachen oder weinen soll. Grotesk wirkte diese neue, selbstherrliche politische Bewegung. Die Machtübernahme erschien manchem deutschen Hitler-Gegner wie ein schlechter Witz. Ein Zeitzeuge erinnerte sich an die Umzüge der braunen Radaumacher:

Im Fackelschein glichen die Gesichter unter dem SA-Käppi fast jenen martialischen Recken, die »Mjölnir« im Angriff zeichnete. Über die nordischen Profile hatten wir oft gelächelt, wir kannten die stumpfen Visagen unserer Gegner besser. Und nun marschierten sie doch leibhaftig vorbei, berauscht vom Sieg, und grölten ihr lausiges Lieblingslied: »Wenn das Judenblut vom Messer spritzt, dann geht's noch mal so gut!«[6]

Mit den Schlägertrupps war nicht zu spaßen, und ihre Anführer hatten Mord im Sinn. »Jetzt wird auf allen Gebieten das Saubermachen beginnen«, so formulierte es des »Führers« Chefideologe, Alfred Rosenberg, kurz nach der Machtergreifung. Im Januar 1933 tagte das erste Mal das Kabinett Hitler; der neue Reichskanzler war von den Koalitionspartnern von Papen, Hugenberg und Blomberg »eingerahmt«.

---

5   Vgl. FEST, S. 356
6   Zit. n. FOCKE/STROCKA, S. 15

Die Vertreter des bürgerlichen Lagers erlagen Hitlers wölfischem Charme, sie ließen sich von den Aufmärschen und bunten Inszenierungen der ersten Tage blenden und waren bald nichts weiter als Marionetten in den Händen des zielstrebig vorgehenden Naziführers. Der Zeitgeist, so schien es, war auf der Seite der Nationalsozialisten. Innerhalb von kurzer Zeit wurde das Weimarer System Zug um Zug ausgehöhlt. Hitlers Plan, die Parteiendemokratie auf »legalem« Wege zu schleifen, ließ sich in bemerkenswerter Geschwindigkeit in die Tat umsetzen. Dies lag nicht allein am skrupellosen und ungeheuer effektiven Agieren der Nazis, sondern ebenso am zu halbherzigen Widerstand der anderen politischen Kräfte. Zudem wurden die Abwehrkräfte des Weimarer Staates durch die Befindlichkeit seiner Bürger geschwächt. Hitler gelang es, die bei der Machtergreifung frei gewordenen Kräfte in eine allgemeine Aufbruchstimmung zu übersetzen. Der neue Enthusiasmus, der im gesellschaftlichen Mainstream erzeugt wurde, war gepaart mit großer Erleichterung, ja sogar Freude über das bevorstehende Ende der Demokratie. Ineffektiv erschien das alte System den Menschen, verzopft und zu keiner Problemlösung fähig. Was 15 Jahre Weimarer Republik nicht geschafft hatte, das gelang Hitler fast über Nacht: Er gewann die Herzen der Menschen. Mit dem allgemeinen Umschwung, der Sehnsucht nach der starken Hand, geriet die Kritik an Hitler in den Hintergrund. Auch der Humor passte sich der neuen Zeit an – er wechselte auf die Seite der Sieger, was ihm freilich nicht gut anstand. Der Kabarettist Dieter Hildebrandt, der das Dritte Reich als Jugendlicher erlebte, beschreibt einen Unterhaltungsabend der Hitlerjugend, an dem die älteren Kinder Kabarett spielten:

Worum ging es? Das, was die Menschen in Deutschland be-
wegte, worüber sie sich ausschütten konnten vor Lachen, war
diese alte vergammelte Weimarer Republik, die Demokratie. Da
ist das ganze Volk mitgelaufen, da haben sie sich beömmelt vor
Lachen. An dem Abend haben die jungen Leute den Reichstag
gespielt. Einige der Jungen waren als Reichstagsabgeordnete ver-
kleidet, einer schlief die ganze Zeit, plötzlich klingelte ein Wecker,
dann schrie das Publikum wieder vor Begeisterung; der andere
hatte einen Sprachfehler, der dritte hat gepupst. Kurzum: Man
hat das ganze Ausmaß des vergammelten demokratischen We-
sens auf die Schippe genommen, den ganzen Abend lang. Das
Publikum konnte gar nicht genug davon haben. Das war die
Stimmung. Es wurde ja damals schon immer gesagt: Die Deut-
schen lehnten die Demokratie nicht nur ab, sie haben sie förm-
lich gehasst. Sie wollten aber auch die Monarchie nicht wieder-
haben, das ging ihnen auch gegen den Strich. Da kamen ihnen
die Nazis gerade recht.

Unwillen erregte im Volk allenfalls das rüde Vorgehen der
Parteibonzen, die sich ungeniert in die Machtpositionen der
Gesellschaft drängten. Ob bei der Polizei oder in den Äm-
tern, an allen Fronten wurden Vorgesetzte verdrängt und
durch linientreue Vertrauensmänner ersetzt. Dies alles ging
mit gespenstischem Tempo vonstatten. Im größten Ver-
waltungsapparat Deutschlands, dem preußischen Innen-
ministerium, wurden beispielsweise Dutzende »ehrenamt-
liche Kommissare« zur politischen »Säuberung« eingesetzt,
die sofort mit Entlassungen und Neuernennungen begannen.
nen. Freilich freute sich nicht jeder über die braunen Quer-
einsteiger. In den Witzen der Zeit finden sich viele Spitzen
gegen die Emporkömmlinge. Man sorgte sich vor allem um

die eigenen Pfründen, die mit einem Mal in Gefahr schienen. Der neue Direktor, Oberkommissar, Abteilungsleiter – ein Nazi? Was würde das für Auswirkungen haben, würde man sich mit den braunen Chefs arrangieren können? Dies waren die Ängste vieler Menschen, die in sarkastischen Witzen Ausdruck fanden:

> *»Wofür steht die Abkürzung N. S. D. A. P.?« Antwort: »Na? Suchst du auch Pöstchen?«*

Die Angst, Macht und Einfluss an die Nazis zu verlieren, war nicht unbegründet. Sie trieb die Menschen mehr um als die Sorge um die Mitmenschen, die Juden und die Oppositionellen, denen die Nazis ja schon vor der Machtübernahme ein schlimmes Schicksal angekündigt hatten. Jeder war sich erst einmal selbst der Nächste, auch was die Zukunftssorgen anbelangte. Wenn man mit Zeitzeugen spricht und die Witze über die braunen Amtswalter und Blockwarte untersucht, kommt man zu dem Schluss, dass die Bürger Hitler-Deutschlands die kleineren Nazibonzen nicht sonderlich ernst nahmen. Das Volk verstand sie nicht als Vollstrecker eines zutiefst verbrecherischen Regimes, sondern als feiste Witzfiguren, die sich mit unfairen Mitteln im öffentlichen Leben breitmachten:

> *»Was ist ein Reaktionär?« Antwort: »Der Inhaber eines gutbezahlten Postens, der einem Nazi gefällt!«*

Ähnlich, dafür schon etwas origineller, lautet folgender, weit verbreiteter Witz:

Eine Köchin, die ohne Fett Bratkartoffeln bereiten sollte, be-
gann die Hakenkreuzfahne über dem Herde hin und her zu
schwingen. Auf die Frage nach dem Sinn ihres Tuns gab sie zur
Antwort: »Unter dieser Fahne sind schon viele fett geworden!«

Ein mächtiger Bonze, der es besonders bunt trieb, war Joachim Ribbentrop. Ein Beispiel für seine Selbstbedienungs-
mentalität war der Fall des Barons Remiz, in dessen Lu-
xusvilla »Fuschl« er sich nach dem »Anschluss« Österreichs
verguckt hatte. Ribbentrop ließ den Besitzer kurzerhand
enteignen. Dass sich »Ribbensnob« (Volksspott) das Prunk-
stück unter den Nagel gerissen hatte, sprach sich in rasen-
der Eile herum.[7] Das rüde Vorgehen Ribbentrops und der
anderen braunen Machthaber schuf merklich Unruhe in der
Bevölkerung, weit mehr als die schrecklichen Pogrome. Die
Zweifel an den Nazis, die nun aufkamen, äußerten sich in
folgendem politischen Witz:

Ein Mann meldet sich am Telefon: »Hallo, ist dort Müller?« –
»Wer bitte?« – »Müller, ist dort Müller?« – »Nein, hier spricht
Schmidt!« – »Ach, entschuldigen Sie, dann habe ich falsch ge-
wählt!« Schmidt resigniert: »Bitte, bitte, das haben wir ja alle!«

Freilich gab es in der Bevölkerung in den Anfangsjahren
keine Mehrheit gegen Hitler, selbst wenn die Hitler-Regie-
rung nicht durch einen demokratischen Wählerauftrag,
sondern erst durch das unverantwortliche Vorgehen des
Reichspräsidenten ans Ruder gekommen war. Im Gegenteil,
übereinstimmend berichten die zu diesem Thema befragten

---

7 Vgl. WIENER, S. 85

Zeitzeugen, sie hätten die Vorkriegsjahre als die »guten Jahre« des Dritten Reichs in Erinnerung behalten, als eine Phase, in der die Arbeitslosigkeit zurückging und die Zuversicht der Deutschen nach einem Jahrzehnt tiefster Verunsicherung und Depression wieder stieg. Angesichts der umgehend einsetzenden Zwangsmaßnahmen, des überfallartigen Abbaus der Bürgerrechte und der Gewalt gegen Andersdenkende und Juden mag diese Haltung zynisch wirken. Sie war aber erstaunlich weit verbreitet. Jeder war zunächst um sich selbst besorgt in dieser neuen Volksgemeinschaft. Der bald spürbare einsetzende Wirtschaftsaufschwung und der jugendliche Optimismus, den die Nazis verbreiteten, überdeckten die Schattenseiten des Regimes. Zudem verstand es Hitler, den rücksichtslosen Griff nach der Macht, der bis in die kleinste Amtsstube hineinreichte, als »nationale Erhebung« zu verbrämen. Offenen Widerspruch gegen den vom neu eingerichteten Propagandaministerium ausgerufenen »Aufbruch« gab es so gut wie nicht. Das ideologische Blendwerk, das von Joseph Goebbels in Szene gesetzt wurde, war ungeheuer effektiv. Mussolini hatte in Italien sieben Jahre gebraucht, um die Machtfülle zu erlangen, welche die Nazis in nur wenigen Monaten anhäuften. Die verbliebenen parlamentarischen Kräfte ließen sich mühelos in die Knie zwingen, wohl auch, weil ihnen der Rückhalt in der demokratiemüden Bevölkerung fehlte. Die Menschen auf der Straße verdrängten das mulmige Gefühl, das Hitlers hastig-brutales Vorgehen erzeugte, sie ließen sich ein auf den vermeintlich unaufhaltbaren Geist der neuen Zeit. Die fürchterlichen Konsequenzen, welche vielen ihrer Mitbürger blühten, wurden ausgeblendet, ignoriert. Symptomatisch für die Monate nach der Machtübernahme waren die massiven Zuläufe, die die NSDAP verzeichnen konnte. Aus allen politischen Lagern liefen Menschen zu den Nazis über, gerade bei den Kommunisten war die Absetzbewegung besonders stark. Die Bevölkerung, aber auch Hitler selbst, nahm nicht ohne amüsierte Verwunderung das wachsende Heer der »Märzgefallenen« zur Kenntnis. Im Volkswitz höhnte man über die Umfaller:

> [Reichsarbeitsführer] Dr. Ley besucht eine Fabrik und fragt hernach den Direktor nach der Haltung der Arbeiter. »Haben Sie noch Sozialdemokraten?« – »Ja, 80 Prozent.« – »Sind denn auch Zentrumsleute hier?« – »Gewiss, 20 Prozent.« – »Ja, aber haben Sie denn gar keine Nationalsozialisten?« – »Doch, das sind sie jetzt alle!«

Allgemein waren die Witze der frühen Hitlerzeit aber nie mehr als kleine Sticheleien. Sie wurden unbeschwert erzählt, wie etwa die Ostfriesenwitze von heute. »Wir waren nicht ängstlich, doch es war in Deutschland eine Art ›politische Korrektheit‹ eingekehrt, die erst in den Kriegsjahren in spürbare Repressalien umschlug«, so beschreibt es der Zeitzeuge Carl-Ludwig Schulz aus Berlin. Um die brutalen Auswüchse des Regimes ging es in den Witzen selten.

»Heil du ihn doch!« –
Witze über den »deutschen Gruß«

Weit häufiger lachte man über die neuen nationalsozialistischen Gepflogenheiten, die nicht einer gewissen Lächerlichkeit entbehrten. Da war etwa das Beharren auf dem »deutschen Gruß«, jener merkwürdigen Geste, die Hitler von den
italienischen Faschisten abgekupfert hatte. »Trittst als Deutscher Du herein, soll Dein Gruß ›Heil Hitler‹ sein«, das war
der Spruch, mit dem allerorts für den markigen Treuebe-
weis geworben wurde. So recht wohl fühlten sich nur die
»Hundertzwanzigprozentigen« mit der neuen Unsitte, dem
auf Augenhöhe stramm gestreckten Arm. Dennoch wurde
er flugs in allen Amtsstuben, ja sogar im ganzen öffentlichen Dienst zur Vorschrift gemacht. Die Kölner reagierten
auf die Einführung des deutschen Grußes mit einem defti-
gen Witz; die Protagonisten sind die zwei humoristischen
Lokalgrößen Tünnes und Schäl:

> *Tünnes und Schäl gehen übers Feld, und der Tünnes gleitet
> plötzlich im Unflat aus, sodass er fast zu Fall kommt. Zackig
> reißt er die rechte Hand hoch und brüllt: »Heil Hitler!« »Biste
> jeck?«, fragt der Schäl besorgt. »Wat machste denn für Kap-
> pes! Et es doch kein Mensch in der Näh!« »Ick mach et jenau
> nach de Vorschrift«, antwortet der Tünnes bieder; »denn es
> heißt doch: Trittst du in ein Geschäft hinein, so soll dein Jruß
> ›Heil Hitler‹ sein.«*

Weniger spaßig war der Hintersinn der neu eingeführ-
ten Zwangssitte. Für die Nazis diente der »deutsche Gruß«
als Lackmustest, mit dem rasch herausgefunden werden

konnte, ob es sich bei einem Gegenüber um einen Gleich-
gesinnten handelte oder um einen politischen Gegner. Ver-
ständlicherweise ließ sich nicht jeder ehemalige Sozialdemokrat oder Kommunist für die bizarre Geste begeistern.
Wer aber nicht brav parierte, der musste mit Konsequenzen
rechnen. Im Falle eines Kindes, das in der Schule wiederholt
den Gruß verweigert hatte, ging die Obrigkeit so weit, den
Eltern das Sorgerecht zu entziehen. Dies geschah allerdings
im Jahre 1940, als sich die politische Lage bereits deutlich
verschärft hatte. Während man sich zu diesem Zeitpunkt
mit dem Gruß bereits abgefunden hatte, war das Befrem-
den darüber in der frühen Nazizeit beträchtlich. In den
Anfangsjahren ist der »deutsche Gruß« daher nicht ohne
Grund eine feste Größe des politischen Witzes. Solange alle
»Heil Hitler« schreien, gibt es in Deutschland keinen »Guten
Tag« mehr, spöttelte der Volksmund. Aus humoristischer
Sicht gelungener als die meisten anderen Witze der Zeit ist
folgender Scherz:

> *Hitler besucht ein Irrenhaus. Die Patienten machen brav den*
> *»deutschen Gruß«. Doch plötzlich entdeckt Hitler einen Mann,*
> *der aus der Reihe tanzt. »Warum grüßen Sie denn nicht wie die*
> *anderen?«, herrscht er ihn an. Darauf der Mann: »Mein Führer,*
> *ich bin doch der Pfleger, ich bin doch nicht verrückt!«*

Etwas fantasieloser war der Witz vom Irrenarzt, der auf
den Gruß »Heil Hitler« geantwortet haben soll: »Heil du ihn
doch!« Nach diesem Muster waren die meisten Pointen zu
dem unleidlichen Thema gestrickt. Dem Münchner Komiker Karl Valentin wurde – irrtümlicherweise – folgender
Witz in den Mund gelegt:

Ein Betrunkener geht bei einem Kräuterverkäufer vorbei und liest in der Auslage: »Heilkräuter«. »Heil Kräuter«, philosophiert er, »Heil Kräuter. Da ha'ma am End' a neue Regierung!«

Verballhornungen waren viele im Umlauf – zumal bei denjenigen, die sich nicht mit der Naziideologie identifizierten und den anstößigen Gruß vermeiden wollten. Die wohl gängigsten Varianten waren der Kneipengruß »drei Liter«, eine phonologische Nachbildung des »deutschen Grußes«, sowie die Verschleifung von »Heil Hitler« zu »Heitler«. Die originellste Verballhornung stammt von den »Swing-Heinis«, Jugendlichen, die sich ganz wider den braunen Zeitgeist lange Haare wachsen ließen und die verbotene Swingmusik (Nazislang: »Negermusik«) hörten. Diese jungen Anarchos grüßten sich mit erhobenem Arm und der Formel »Swing Heil!«.[8] Da der »deutsche Gruß«, wie bereits erwähnt, eigentlich ein italienischer war, wurde kolportiert, Mussolini habe Hitler bei einem Staatsempfang den Arm entgegengereckt und »Ave, Imitator« gerufen.

Die beste Antwort auf den Hitlergruß hatte allerdings ein Paderborner Schausteller, der seine dressierten Schimpansen den rechten Arm recken ließ – was sie, wie sein Sohn berichtet, gern und ausgiebig taten. Jedes Mal, wenn sie eine Uniform erblickten, selbst wenn es nur der Postbote war, machten die Tiere sofort stramm den Hitlergruß. Doch nicht jeder Parteimann war von den Naziaffen begeistert. Die dadaistisch anmutende Aktion des Schaustellers, eines überzeugten Sozialdemokraten, wurde von eilfertigen

---

8 Vgl. ALLERT, S. 25

»Volksgenossen« an die Obrigkeit gemeldet. Kurz darauf erschien eine Verordnung, die Affen den Hitlergruß untersagte. Bei Verstoß wurde mit »Abschlachtung« gedroht.[9] Wenn es um die Huldigung des »Führers« ging, verstanden die Nazis nun mal keinen Spaß.

Wer hat den Reichstag angezündet?

Am 27. Februar 1933 brannte der Reichstag. In diesem Ereignis erkannten die Nationalsozialisten eine überaus günstige Gelegenheit, die sie mit schlafwandlerischer Sicherheit nutzten: Der Reichstagsbrand lieferte ihnen den Vorwand zur forcierten Ausschaltung der politischen Gegner und zur Zerschlagung der demokratischen Rechtsordnung. Göring war der erste Naziführer am Tatort, Hitler traf wenig später ein. Noch vor dem brennenden Parlament beschlossen die beiden, den Kommunisten und Sozialdemokraten die Schuld zu geben. Den Brand deuteten sie flugs als Beginn einer kommunistischen Revolte. Tatsächlich waren die Kommunisten zu diesem Zeitpunkt durch eklatante Fehleinschätzungen ihrer Führung und durch den schwindenden Rückhalt in der Bevölkerung derart geschwächt, dass sie zu einem konzertierten, landesweiten Aufstand kaum fähig gewesen wären. Doch was eine wirkliche Gefahr war, und was nur eine behauptete, das war für Göring und Hitler unerheblich. Mit enormer Geistesgegenwart nutzten sie die Gunst der Stunde und ließen

9 Vgl. ALLERT, S. 87

kurzerhand 4000 kommunistische Funktionäre verhaften, darunter auch deren Parteiführer, Ernst Thälmann. Ein weiterer Schlag richtete sich gegen missliebige Schriftsteller, Ärzte und Rechtsanwälte, wozu große Namen wie Erich Mühsam und Carl von Ossietzky zählten. Schon am nächsten Morgen wurde Hitler bei Hindenburg vorstellig und schilderte dem greisen Reichspräsidenten den dramatisierten Ernst der Lage. Hindenburg ließ sich von Hitlers grellen Schreckensbildern beeindrucken und unterzeichnete eine Notverordnung, die faktisch die Grundrechte der Weimarer Verfassung aushebelte. Der Errichtung der Diktatur kam Hitler damit ein entscheidendes Stück näher. Die Reichstagsbrand-Verordnung ermöglichte willkürliche Verhaftungen, die durch keine Rechtsinstanz angefochten werden konnten. Sie erweiterte die Anwendbarkeit der Todesstrafe. Außerdem erlaubte sie dem Reich, allerorts für die öffentliche »Ordnung« und »Sicherheit« zu sorgen, was einen schweren Eingriff in die Befugnisse der Länder bedeutete.

Die Geschwindigkeit und die Planmäßigkeit, mit der die Nazis diese Maßnahmen nach dem Reichstagsbrand ergriffen, haben bis heute für Spekulationen darüber gesorgt, wer die wahren Brandstifter waren. Während nach dem Krieg lange die Meinung verbreitet war, in Wirklichkeit sei Göring für die Tat verantwortlich, herrschte unmittelbar nach der Tat weithin Unsicherheit in der Bevölkerung. Wer was glaubte, hing meist weniger mit den dürftig verfügbaren Fakten zusammen als mit der persönlichen politischen Einstellung. Dies galt auch für die ausländische Presse. Während manche Blätter sofort raunten, die Nazis hätten den Reichstag selbst angesteckt, gaben andere lediglich die allgemeine Verwirrung über die wahre Täterschaft zu Protokoll.[10]

Dass der Holländer Marinus van der Lubbe, ein verwirrter, halb blinder Mann, der am Tatort aufgegriffen worden war, als Alleintäter und nur mithilfe einiger Ofenanzünder das schwere Mobiliar des Reichstags zum Brennen gebracht habe, das wollte kein oppositionell gesinnter Bürger glauben. Victor Klemperer notierte in sein Tagebuch: »Acht Tage vor der Wahl die plumpe Sache des Reichstagsbrandes – ich kann mir nicht denken, dass irgend jemand wirklich an kommunistische Täter glaubt statt an bezahlte Hakenkreuz-Arbeit.«[11] Ein anderer Zeitzeuge, Rolf Rothe, formulierte es so:

> Der kleine Strichjunge van der Lubbe, wie hätte der schon alleine den Reichstag anzünden können? Das kann doch kein Mensch, so ein großes Gebäude aus Stein in Brand setzen! Niemand hat das geglaubt, es wäre ja auch vollkommen absurd gewesen!

Der Reichstagsbrand mit seinem dubiosen Hintergrund war ein gefundenes Fressen für Spaßvögel. Bald kursierten unzählige Witze über den Tathergang, die unverhohlen und mit wechselhaft gelungenen Pointen die Nazis der Brandstiftung bezichtigten. Diese Scherze lassen sich in zwei Gruppen unterteilen: In der ersten ist die in weiten Teilen der Bevölkerung gefürchtete und gehasste SA bzw. die SS für das Verbrechen verantwortlich:

---

10 Vgl. STEINERT, S. 264
11 KLEMPERER, Bd. 1, S. 8

Vater und Sohn sitzen beim Essen. Da fragt der Sohn: »Papa, wer hat denn den Reichstag angesteckt?«, worauf der Vater unwirsch antwortet: »Ess, ess (SS) und frag nicht weiter!«

»Wer hat den Reichstag angezündet?«
»Die Gebrüder Sass.« (SA + SS)[12]

Was ist der Unterschied zwischen einem Reichswehrkommando und einem SA-Kommando?
Bei der Reichswehr heißt es: »Legt an, gebt Feuer!«, bei der SA aber: »Gebt an, legt Feuer!«.

In der zweiten Witzgruppe werden nicht die SA-Schlägertrupps der Brandstiftung bezichtigt, sondern Hermann Göring. Dass gerade Göring die Tat unterstellt wurde, hatte mehrere Gründe. Erstens hatte er sich durch sein kaltblütiges und verdächtig rasches Vorgehen selbst in den Vordergrund gespielt. Als preußischer Ministerpräsident hatte er den direkten Zugriff auf die Exekutive, was er nun nach Kräften ausnutzte. Zweitens lieferte er beim Reichstagsbrandprozess, der eigentlich ein Schauprozess gegen die Kommunisten werden sollte, einen derart jämmerlichen Auftritt ab, dass das Volk an seiner Glaubwürdigkeit zu zweifeln begann. Unvergessen bleibt die offensive Verteidigungsstrategie des angeklagten kommunistischen Funktionärs Georgi Dimitrow, der Göring vor aller Welt verbal in die Ecke drängte. Der Prozess endete mit einem Freispruch der Kommunisten – eine peinliche Niederlage für die Nazis.

---

12 Die Gebrüder Sass waren die Anführer einer berüchtigten Verbrecherbande.

Der Flaschengeist, der nun herumspukte, ließ sich durch keine Macht der Welt in die Flasche zurückbefördern. Dimitrow hatte während der Verhandlung den Verdacht geäußert, die Braunen selbst hätten den Brand gelegt. Diese Anschuldigung ging live über den Rundfunk-Äther, nichts ließ sich rückgängig machen. Bis in die letzte Wohnstube war der nie erhärtete, sich aber dennoch hartnäckig haltende Verdacht nun bekannt. Keine Frage, dies war eine Steilvorlage für Spötter:

> Am Abend des 27. Februar kommt Görings Adjutant atemlos ins Arbeitszimmer seines Chefs gestürzt: »Herr Ministerpräsident!«, schreit er. »Der Reichstag brennt!« Göring schaut auf die Uhr und schüttelt verwundert den Kopf: »Schon?«

> »Gestern habe ich Göring in der Leipziger Straße gesehen.«
> »So? Wo hat's denn da gebrannt?«

Ob Göring wirklich für den Reichstagsbrand verantwortlich war, wird sich angesichts der längst verwischten Spuren und der widersprüchlichen Zeugenaussagen wohl nie mit letzter Sicherheit klären lassen. Es kann lediglich angenommen werden, dass weder Goebbels noch Hitler von dem Anschlag wussten. Beide reagierten überrascht, sogar ungläubig auf die Nachricht, der Reichstag stehe in Flammen. Der wahrscheinlichste, wenngleich unspektakulärste Tathergang ist nach heutigem Stand der Forschung, dass van der Lubbe im Alleingang den Brand legte. Ob ihn jemand dazu anstiftete, ist fraglich. Die Kommunisten hatten zu der Tat kein Motiv; für eine Mittäterschaft oder das Mitwissen der Nazis gibt es keine stichhaltigen Beweise. Festzuhalten bleibt: An der SA

und an Göring, dem amtierenden preußischen Ministerpräsidenten, klebte vom 27. Februar an ein hässlicher Verdacht,
der in zahlreichen Witzen kolportiert wurde. Bei aller Wut
über den peinlichen Ausgang des Prozesses und dem daraus
folgenden Imageschaden waren die Nazis auf dem Weg zur
Festigung ihrer Herrschaft durch den Reichstagsbrand einen
entscheidenden Schritt vorangekommen. Nach außen hin
hielten sie sich bei der Aushebelung der Weimarer Verfassung
an Hitlers »Legalitätskurs«, während sie tatsächlich der be-
währten, doch darum nicht minder hässlichen Maxime folgten, dem Volk möglichst viele Grausamkeiten am Anfang einer neuen Herrschaft zuzumuten.

Die Gleichschaltung im Spiegel
des politischen Humors

Mit unglaublicher Zielstrebigkeit wurde in den Monaten
nach der Machtübernahme am Rechtsstaat gesägt. Ziel der
zerstörerischen Aktion: die »Gleichschaltung« der deutschen Gesellschaft. So erging bereits am 4. Februar 1933 die
Verordnung »Zum Schutz des deutschen Volkes«, mit deren Hilfe die neue Regierung willkürlich die Druckerzeug-
nisse und Veranstaltungen politischer Gegner verbieten
konnte. Journalisten wurden von Hitler angehalten, in der
Berichterstattung doch bitte keine »Irrtümer« zu begehen.
Der gute »Rat« wurde von allerlei finsteren Drohungen begleitet. Dann ging es Schlag auf Schlag weiter: Die schwarz-
rot-goldene Fahne der Weimarer Republik wurde durch die
Hakenkreuzfahne ersetzt, die föderale Struktur des alten

Deutschland im Handstreich zerstört. Ohne Skrupel wurde diese »Gleichschaltung der Länder mit dem Reich« betrieben. In Bayern zwangen Himmler und Röhm den amtierenden Ministerpräsidenten Held zum Rücktritt. Göring ließ jeden niederknüppeln, der sich der propagierten »nationalen Erhebung« entgegenstellte. Das sich überschlagende Tempo der Gleichschaltung, die entfesselte SA, die Kombination aus Deutschtümelei und nackter Brutalität verfehlte nicht ihre Wirkung auf die Bevölkerung. Janusköpfig trat das neue Regime auf, das eine Gesicht voll nationaler Euphorie, das andere finster und drohend. Wer sich nicht vom braunen Frohsinn anstecken ließ, der wurde systematisch eingeschüchtert. Ein unbekannter Witzeschöpfer fand für die Stimmung in der Bevölkerung folgende Worte:

Nach der Gleichschaltung der Länder sind wir wie ein Volk; es gibt keine Preußen, Bayern, Thüringer und Sachsen mehr, es gibt nur noch Braun-Schweiger.

Die Pointe steckt voller Doppelsinn. Zum einen drückt sie aus, dass die Gleichschaltung dazu diente, die Deutschen mundtot zu machen; zum anderen wird ein Seitenhieb gegen das Land Braunschweig ausgeteilt, dessen frühe NS-Regierung Hitler die deutsche Staatsbürgerschaft verliehen hatte. Ohne Einbürgerung hätte der Naziführer nicht zum Reichskanzler ernannt werden können.

Braunschweig war bereits seit den Landtagswahlen im September 1930 nationalsozialistisch regiert. Die braune Provinzregierung spielte nicht nur bei der Kür des Reichskanzlers eine entscheidende Rolle, ihr kam auch eine wichtige

Rolle bei der Gleichschaltung der evangelischen Kirche zu. In der Weimarer Zeit war der Staat säkularisiert worden, die Kirche bekam nur noch reduzierte Staatszuschüsse und in manchen Regionen wurde ihr die Aufsicht über die Volksschulen entzogen. Dies hatte für große Verbitterung bei den Geistlichen gesorgt. Sobald die Nazis in Braunschweig die Macht an sich gerissen hatten, begann eine beispiellose Anbiederungsaktion. Die neue Regierung führte das Schulgebet wieder ein und zahlte die ausstehenden Staatszuschüsse. Diese Maßnahmen zeigten Wirkung: Ein Drittel der braunschweigischen Pfarrer trat in die NSDAP ein, und auf dem christlichen Amtsblatt prangten Christuskreuz und Hakenkreuz bald Seit' an Seit'. Nach der Machtübernahme im Reich ging die kirchenfreundliche Kampagne in großem Maßstab weiter. Ein kirchlich verbrämter Staatsakt folgte auf den nächsten, und Hitler ließ keine Gelegenheit aus, bei seinen Reden Gott für die neue Machtfülle zu danken. Freilich war dies alles Blendwerk, nur dazu gedacht, die Kirchen auf nationalsozialistische Linie zu bringen. Der Erfolg des propagandistischen Meisterstücks ließ nicht lange auf sich warten. Bald erschienen Geistliche im Braunhemd und mit Reitstiefeln zum Gottesdienst. Immer wieder war augenzwinkernd gesagt worden: »Gegen den Weihrauch und den Knoblauch wird auch Hitler nicht ankommen«, doch nun zeigte sich, dass die Propheten sich geirrt hatten. Besonders in der nicht so geschlossen geführten evangelischen Kirche herrschten erbitterte Grabenkämpfe zwischen den nationalsozialistischen »Deutschen Christen« sowie dem oppositionellen »Pfarrernotbund« des Berliner Pastors Martin Niemöller. Die Naziprotestanten wurden von dem Wehrkreispfarrer Ludwig Müller angeführt, den Hitler in Königsberg kennen gelernt und zum »Reichsbischof« ernannt hatte. Müller war ein trübes Licht und seinen Gegnern aus der »Bekennenden Kirche«, den Niemöllers und Wurms, intellektuell nicht gewachsen. Das Volk verulkte den Reichsbischof als »Reibi« und dachte sich unzählige mehr oder weniger komische Anekdötchen über ihn aus:

Als Goebbels sein Buch »Vom Kaiserhof zur Reichskanzlei« veröffentlicht hatte, ließ dieser literarische Ruhm dem Reichsbischof keine Ruhe. Er schrieb ebenfalls ein Buch. Der Titel lautete: »Vom Kirchenlicht zum Armleuchter«.

Die Pfarrer, so erzählte man sich, müssten ab sofort weiße Talare tragen, denn sie seien ja *Müllersknechte*. Auch hieß es, der Reichsbischof habe eine so dicke Haut, dass er kein Rückgrat benötige.

Trotz der offenkundigen Fehlbesetzung an der Spitze der »Deutschen Christen« gelang es den Nazis, mit beiden Kirchen eine Regelung zu finden, die sich allerdings nur durch ständigen Terror aufrechterhalten ließ. In der Bevölkerung genossen die regimekritischen Geistlichen indes weiterhin Sympathien, zumal sie die Einzigen waren, die auch nach der Gleichschaltung und den Säuberungen der Anfangsjahre weiterhin ein Glaubenssystem vertraten, das in Konkurrenz zum Nationalsozialismus stand. In einem Witz wurde ein Oppositioneller, der katholische Bischof von Münster, namentlich genannt:

Der Bischof von Münster, Graf Galen, wendet sich in einer Predigt gegen die Jugenderziehung durch die Hitlerjugend. Da ruft jemand dazwischen: »Wie kann ein Mann, der keine Kinder hat, maßgeblich über Kindererziehung sprechen wollen!« Darauf Galen: »Ich kann eine solche persönliche Kritik am Führer in meiner Kirche nicht zulassen!«

Nicht seine Jugendarbeit, sondern die mutige Art, in der der Bischof von Münster trotz des über ihm schwebenden Damoklesschwerts gegen das »Euthanasie-Programm« der Nazis vorging, machte der deutschen Bevölkerung Eindruck. Groß war das Entsetzen über die Tötung geistig Behinderter, welche ein württembergischer Ministerialrat mit folgender absurder pseudo-theologischer Argumentation verteidigte:

Das 5. Gebot: Du sollst nicht töten, ist gar kein Gebot Gottes, sondern eine jüdische Erfindung, mittels derer die Juden, die größten Mörder der Weltgeschichte, immer wieder versuchen, ihre Feinde von einer tatkräftigen Gegenwehr abzuhalten, um sie dann leichter erledigen zu können.[13]

Während Clemens August Graf von Galen, im Volksmund »der Löwe von Münster« genannt, das Dritte Reich überlebte, wurden unzählige Geistliche in den Dachauer »Pfaffenblock« verschleppt und ermordet. Die Verfolgung oppositioneller Kirchenmänner mag das Volk dazu inspiriert haben, sich folgende zeitgemäße Heiligendaten des Kalenders auszudenken:

---

13 FOCKE/STROCKA, S. 143

Mariä Gefängnis
Maria Denunciata
Mariä Heimdurchsuchung

Das lateinische Vaterunser wurde ebenfalls an die neue Zeit angepasst. Statt »et ne nos inducas temptationem« (und führe uns nicht in Versuchung), wurde nun »et ne nos inducas in *concentrationem*« gebetet, eine Anspielung auf die Konzentrationslager.

Das Unrecht der Nazijahre, es wurde auch möglich gemacht durch die Gleichschaltung der Justiz. 1935 ging die Justizhoheit von den Ländern auf das Reich über. Der traditionell politisch konservative Berufsstand der Juristen wurde schon seit der Machtübernahme systematisch auf die Arbeit im Unrechtsstaat vorbereitet. Zu diesem Zweck schulte der »Bund Nationalsozialistischer Juristen« junge Richter, Staatsanwälte und Verteidiger. Die neue Doktrin lautete: Urteile sollten im Sinne der Regierung gefällt werden, keinesfalls aber dürfe man am Gesetz kleben. Statt Rechtssicherheit wurde »gesundes Volksempfinden« propagiert, eine euphemistische Floskel, die der braunen Terrorjustiz Tür und Tor öffnete. Die daraus resultierende Missachtung der deutschen Verfassung wurde auch von Teilen der Bevölkerung mit Sorge registriert, wie folgende »Paragrafen«, die angeblich neu eingeführt werden sollten, ahnen lassen:

§1 *Wer etwas unternimmt oder unterlässt, wird bestraft.*
§2 *Die Strafe richtet sich nach dem Volksempfinden.*
§3 *Das Volksempfinden wird durch den Gauleiter festgelegt.*

Warum sich das System überhaupt noch eine Justiz leistete, das war auch während des Dritten Reichs nicht jedem klar. Zu schreiend war das Unrecht, zu extrem und willkürlich war von Anfang an der Terror. Folgender Witz ist eigentlich gar nicht komisch, die Pointe hat eine verzweifelte Logik:

In der Schweiz erkundigt sich ein Nazibonze nach dem Zweck eines öffentlichen Gebäudes. »Das ist unser Marineministerium«, erklärt der Schweizer. Der Nazi lacht und höhnt: »Ihr mit euren zwei, drei Schiffen, wozu braucht ihr ein Marineministerium?« Der Schweizer: »Ja, und wozu braucht ihr in Deutschland noch ein Justizministerium?«

Selbst in den letzten Kriegsjahren, als im Osten jeden Tag Tausende von Juden ermordet wurden, wollten die Nazis nicht auf den rechtsstaatlichen Schein verzichten; von den drakonischen Unrechtsurteilen des berüchtigten Volksgerichtshofs wird noch die Rede sein. Im Jahr der Machtergreifung, das noch im Zeichen der von Hitler erdachten »legalen Revolution« stand, bereiteten die Nazis mit großer krimineller Energie den Boden für den neuen Unrechtsstaat. Schlag auf Schlag wurden Gesetze erlassen, die den Bürger zum willfährigen Opfer der Behörden machten. Gleich am 28. Februar 1933 wurde die berüchtigte »Schutzhaft« eingeführt, mittels derer politische Gegner ohne gerichtliches Verfahren eingesperrt werden konnten. Der Rechtsgrundsatz, so wurde finster gewitzelt, laute jetzt: Brutalität geht vor Legalität.

Die Gleichschaltung von Verwaltung, Kirche und Justiz wurde von einer nationalsozialistischen Säuberung des Kulturlebens begleitet. Schon in den ersten Monaten nach der Machtergreifung riss Joseph Goebbels mit dem neu geschaffenen Propagandaministerium die Kulturoberhoheit in Deutschland an sich. Wer nun in Deutschland als Schriftsteller, bildender Künstler, Schauspieler tätig sein wollte, der musste Mitglied in der Reichskulturkammer bzw. einer ihrer Unterorganisationen sein. Wer aus dem staatlichen Kulturbund ausgeschlossen wurde, der hatte faktisch Berufsverbot. Mit missliebigen Künstlern ging man ohnehin nicht zimperlich um. Bis zum Frühjahr des Jahres 1933 wurden 250 bedeutende deutsche Dichter ausgebürgert, darunter Thomas Mann, Lion Feuchtwanger und Stefan Zweig. Mit großem Brimborium und begleitet von bizarren »Feuersprüchen« wurden die Werke der in Ungnade gefallenen Autoren öffentlich verbrannt. Statt Widerspruch gegen die Bücherverbrennung anzumelden, bekundeten prominente Künstler wie Gustav Gründgens und Gerhart Hauptmann, ja sogar Freunde der verfemten Dichter, ihre Ergebenheit gegenüber den neuen Machthabern. Zwar wurde hinter den Kulissen kräftig über die nationalsozialistische Gleichmacherei der »Reichskulturjammer« geklagt, doch die meisten Künstler kuschten und passten sich der neuen Zeit an.

Ebenso schnell und reibungslos betrieb Goebbels die Gleichschaltung der Presse. Oppositionelle Blätter wurden verboten, andere durch einen staatlich subventionierten Abonnentenkrieg finanziell trockengelegt. Dabei war der neue Propagandaminister peinlich darauf bedacht, dass eine gewisse journalistische Vielfalt der verbleibenden Blätter bestehen blieb. Damit war freilich nur die Ausgestaltung der Artikel gemeint, keinesfalls aber der stramm nationalsozialistische Inhalt, welcher zentral vorgegeben wurde. So seltsam es aus heutiger Sicht scheinen mag, damals wurde die Abschaffung der Pressefreiheit von manchem Zeitgenossen mit Jubel begrüßt. Der Münchner Brettl-Komiker Weiß Ferdl, ein Nazi der ersten Stunde, schrieb sogar ein munteres Liedchen, in dem er die Gleichschaltung pries. Es war kein Zufall, dass die Nazipresse ihrem Barden lobend Anerkennung zollte. Wenn der Volkssänger in »netten« Versen gegen »Niggermusik« und Pressefreiheit stänkerte, dann war das durchaus ironiefrei zu verstehen:

> *Früher gab's so viel Parteien,*
> *Deshalb auch viel Reibereien.*
> *Bis dann sprach ein Ingenieur:*
> *Deutsche, nein, so geht's nicht mehr.*
> *Weg mit diesen Wechselströmen,*
> *Wolln wir lieber Gleichstrom nehmen!*
> *Er hat aus- und umgeschaltet.*
> *Gleichgeschaltet, gleichgeschaltet.*
>
> *Hat man Zeitungen gelesen*
> *Früher ist man blöd gewesen.*
> *Die schrieb »Bravo, sehr gut. Heil!«*
> *Die andre »Pfui«, grad's Gegenteil.*
> *Jetzt kannst du das Geld dir sparen,*
> *Liest du eine, bist im klaren.*
> *Gleichlautend sind all gestaltet:*
> *Gleichgeschaltet, gleichgeschaltet.*
>
> *[…]*

Man hört nicht mehr Saxophone,
Tanzt nicht Rumba, Charlestone.
Fort mit Jazz und Niggertanz,
Sind nicht mehr meschugge ganz.
Alte Weisen hört man wieder,
Stramme Märsche, deutsche Lieder,
Die man gern im Ohr behaltet.
Gleichgeschaltet, gleichgeschaltet.

[…]

Will der Mann a Freundin halten,
Und nicht treu bleib'n seiner Alten,
Steht in Saft die deutsche Frau,
Droht dem Gatten mit Dachau:
»Zwanzig Jahre hast unverdrossen
Meine Reize du genossen.
Dabei bleibt's, bist auch veraltet.«
Gleichgeschaltet, gleichgeschaltet.

Bei den Abrüstungskonf'renzen
Die Franzosen immer benzen:
Deutschland, ach, bedroht uns sehr!
Doch die Welt glaubt's längst nicht mehr.
Unser Kanzler sprach es offen:
»Friede hat nur der zu hoffen,
Der abrüstet, der Wort haltet.«
Gleichgeschaltet, gleichgeschaltet.

Ganz vereint sind Bayern, Preißn,
Nicht mehr auseinand' zu reißen.
Statt dass in die Berg' wir ziehn
Mach ma Weekend in Berlin,
Tun im Lunapark dort rodeln,
Die Preußen lernen dafür jodeln.
Mensch, wie det zusammenhaltet,
Gleichgeschaltet, gleichgeschaltet.

Wenn wir fest zusammenstehen,
Muß's doch wieder aufwärts gehen.
Bauer, Arbeitsmann und Knecht,
Adel, Bürger, gleiches Recht!
Für das Land, das wir gestritten
Und viel Jahre Not gelitten,
Wolln wir leben ungespaltet,
Gleichgeschaltet, gleichgeschaltet.[14]

Interessant an Weiß Ferdls Couplet ist, wie Volker Kühn bemerkt, dass diese Ergebenheitsadresse an die national-sozialistischen Machthaber so früh entstand – der Münchener Kabarettist schrieb sie bereits im Jahr der Macht-ergreifung.[15] Zu diesem Zeitpunkt gab es noch viele Gegner der Gleichschaltung. Gerade die publizistische Einheits-kost schmeckte nicht jedem. Die schrilleren, drastisch an-tisemitischen Naziblätter wurden von vielen Bürgerlichen mit Kopfschütteln aufgenommen. Ein großes Aufbegehren des Dichter-und-Denker-Volkes gegen die nationalsozialis-

---

14 Zit. n. KÜHN, S. 102
15 Vgl. KÜHN, S. 336

tische Gleichschaltung von Presse und Kultur hat es freilich nicht gegeben. Während die Bücher der großen jüdischen Schriftsteller in den zweiten Reihen der Bücherschränke verschwanden, erlaubte man sich im stillen Kämmerlein einen kleinen, sarkastischen Scherz über den journalistischen Ungeist, der Einzug gehalten hatte:

> *Ein Lehrer übt mit den Kindern die Steigerung.* »Karlchen, *bilde einen Satz mit lieb und wert.*« Karlchen: »Die ›Heidelberger Volksgemeinschaft‹ ist mir lieb und wert.« – »Und du, Fritz, *bilde den Komparativ!*« Fritz: »Der ›Völkische Beobachter‹ ist *mir lieber und werter.*« »Und Moritz, bilde den Superlativ!« – »›Der Stürmer‹ ist mir am liebsten am Allerwertesten.«

Dieser Witz ist auch darum zahm, weil er einem Kind in den Mund gelegt wird. Das Muster ist typisch für die Nazizeit. Ein Kind sagt Dinge naiv und unbedacht; die Beleidigung, die in dem Witz enthalten ist, nämlich dass das Hetzblatt *Der Stürmer* nur als Toilettenpapier taugt, ist durch diesen Kniff entschärft. Der Witzeerzähler hat sich eine bequeme Rückzugsposition aufgebaut. Bezeichnend ist zudem, dass ja nur der unverhohlen pornografische *Stürmer* durch die Pointe negativ belegt wird, nicht aber die zum Massenblatt avancierte Parteipostille *Der Völkische Beobachter*. Anstößiger als dieser Witz waren weit eher die Sticheleien des Berliner Kabarettisten Werner Finck, der sich gerne öffentlich beklagte, dass nun schon im Frühjahr die Blätter braun würden.

Parallel zur Gleichschaltung wurde die deutsche Gesellschaft systematisch militarisiert. Dazu schufen die Nazis unzählige, zum Teil konkurrierende Organisationen, in denen jeder Berufstand, jede Altersgruppe erfasst und häufig auch uniformiert wurde. Das Ergebnis war ein kafkaeskes Uniformenwirrwarr, welches schon kurz nach der Machtergreifung allerorts das Straßenbild prägte. Der Volksmund witzelte, die Reichswehr werde in Zukunft nur noch in Zivil auftreten, damit man die Soldaten überhaupt noch vom Volk unterscheiden könne. Bizarr waren auch die Kürzel der nationalsozialistischen Organisationen, angefangen bei SA und SS, bis hin zu BDM, Flieger-HJ, Motor-HJ, NSKK und so fort. In Witzen wurde die Kürzelverliebtheit der Nazis spielerisch und ohne verletzende Kritik aufgegriffen:

> *Die Organisation wird weiter ausgebaut. Vor der SA und SS erfasst man die Jüngeren in der HJ, die noch Jüngeren im Jungvolk, die noch Jüngeren werden in NS-Kindergärten geschult, und jetzt sollen auch die Säuglinge organisiert werden. Sie tragen den Titel:* »AA-Männer«.

Ähnlich harmlos kommt auch folgender Scherz daher, der genau wie das vorangehende Beispiel nicht die paramilitärische Ausrichtung der Naziorganisationen kritisiert. Stattdessen wird brav moniert, dass das Familienleben durch den Dienst am Nazivaterland leide:

> »*Mein Vater ist SA-Mann, mein ältester Bruder in der SS, mein kleiner Bruder in der HJ, die Mutter in der NS-Frauenschaft, und ich bin im BDM.« »Ja, seht ihr euch denn bei dem vielen Dienst auch einmal?« – »O ja, wir treffen uns jedes Jahr auf dem Parteitag in Nürnberg!*«

Über den »Bund deutscher Mädel« gab es ebenfalls Abkürzungswitze, meist billige Zoten, die nicht mal mit viel Fantasie politischen Gehalt hatten. Mal hieß es, BDM hieße ausgeschrieben »Bald deutsche Mutter«, dann wurde schlüpfrig gedichtet, das Kürzel stehe für: »Bedarfsartikel deutscher Männer«. Wunschdenken steckte hinter der Interpretation: BDM = Bubi, drück mich. Kurzum: Wie viele Witze der frühen Nazizeit waren auch diese Spielereien ohne politische Sprengkraft und können kaum als Anzeichen einer grundsätzlich skeptischen Haltung der deutschen Bevölkerung gegenüber dem Regime betrachtet werden.

Frühe politische Karikaturen über die Nazis

Gern lachte man über die seltsamen Eigenarten des Nationalsozialismus, doch das neue System war – bei aller begleitenden Kritik – bald fest in der deutschen Gesellschaft verankert. Die politische Führung dankte es dem Volk mit einer anfangs immer wieder demonstrativ zur Schau gestellten Scheinliberalität. »Wir sind ja nicht so«, das war die Devise, die ausgegeben wurde. Offenbar sorgten sich die Nazis, sie konnten von der Bevölkerung ausschließlich als tumbe, humorlose Brutalos wahrgenommen werden. Die Imagekorrektur trieb bald seltsame Blüten. So erschien als Teil der Charmeoffensive noch im Jahr 1933 in Deutschland eine Sammlung ausländischer Karikaturen, die Hitler als Lügner und Kriegstreiber darstellten. Herausgegeben wurde der prächtig aufgemachte Band ausgerechnet vom Auslandspressechef der NSDAP, »Putzi«

Hanfstaengl, der ein Kumpan und Bewunderer des »Führers« war. Im Vorwort erläuterte Hanfstaengl das merkwürdige Werk so:

> *Die Spott- und Zerrbilder, mit denen Adolf Hitler auf seinem*
> *geschichtlichen Weg von einer entarteten Presse bedacht wurde,*
> *muten heute wie eine kreischende Jazzmusik an. Die Spötter*
> *und Verleumder sind heute durch ihre eigenen Machwerke be*
> *schämt und entlarvt. [...] Der Wert dieses Sammelbandes von*
> *Karikaturen des Führers liegt gerade darin, dass diese mehr*
> *als alle anderen gegnerischen Stimmen für den Führer zeugen.*
> *Denn jedes Bild beweist, wie falsch die Welt Adolf Hitler ge*
> *sehen und beurteilt hat. Wer das Buch aufmerksam betrach*
> *tet, wird bei jedem Bild herzhaft lachen, nicht gerade über den*
> *herrschenden Witz, sondern über den handgreiflichen Irrtum*
> *der Karikaturisten.*[16]

Ganz über den Weg traute der Herausgeber seinen Lesern dann doch nicht. Damit jeder wirklich an der richtigen Stelle und vor allem aus den richtigen Motiven lachte, ergänzte Hanfstaengl die Karikaturen mit parteikonformen Gegendarstellungen. Ein Bild, das in der New Yorker Zeitschrift *The Nation* erschienen war, zeigte Hitler als Sensenmann, zu dessen Füßen eine Armee mit Skelettmännern marschiert. Die Sensen in seiner Hand haben die Form des Hakenkreuzes, von ihren Klingen tropft Blut. Auf der gegenüberliegenden Seite liefert Hanfstaengl seine Interpretation der Karikatur:

---

16 HANFSTAENGL, S. 14 f.

T i n t e : *Das Bild will sagen, dass Hitler zum Krieg hetze.*

T a t s a c h e : *Am 15. Juli 1933 unterzeichnet Hitler durch den deutschen Botschafter in Rom den »Viermächtepakt«, durch welchen der Frieden Europas auf zehn Jahre durch England, Frankreich, Italien und Deutschland gesichert wird.*[17]

Auch einige deutsche Karikaturen fanden sich in der Sammlung, darunter eine aus der bereits erwähnten Satirezeitschrift *Ulk*. Wieder ist Hitler zu sehen, diesmal in wilder Indianer-Aufmachung, mit einem aufgespießten Skalp in der Hand. Die Bildunterschrift lautet: »Der Häuptling vom Stamm der wilden Kopfjäger nach der Schlacht von Leipzig – in vollem Kriegsschmuck.« Wieder konnte es Hanfstaengl nicht lassen, einen Kommentar beizusteuern:

T i n t e : *Am 25. September 1930 hatte Hitler als Zeuge vor dem Reichsgericht in Leipzig erklärt, dass nach der Machtergreifung durch den Nationalsozialismus in Deutschland »Köpfe rollen« würden. Diese Erklärung hat den »Ulk« zu dieser wahrhaft ulkigen Karikatur veranlasst.*

T a t s a c h e : *Hitler hat nach Übernahme der Macht eine ganze Anzahl früherer »Köpfe« ins Konzentrationslager »rollen« lassen. Dies geschah, weil er entschlossen war, ein großmütiger Sieger zu sein und weil er den Wunsch hatte, der gesunden, aufbaufreudigen Masse des deutschen Volkes die Schrecknisse einer blutigen Abrechnung mit den Gegnern zu ersparen.*[18]

---

17 HANFSTAENGL, S. 110
18 HANFSTAENGL, S. 32

An Zynismus ist diese »Gegendarstellung« kaum mehr zu überbieten. Die braune Presse applaudierte brav dem Machwerk des NS-Auslandspressechefs. Bergfex Luis Trenker behauptete im Klappentext, durch das Buch werde »der heldenhaft geführte Kampf unseres Führers erneut wieder in Erinnerung gebracht«. Für Hanfstaengl sollte sich die Ergebenheitsadresse an Hitler letztlich nicht auszahlen. Er musste 1937 wegen eines eskalierenden Konflikts mit Joseph Goebbels nach Amerika flüchten. Jetzt war der Mann, der gegen Juden und politische Gegner gehetzt hatte, selber ein im Nazireich Verfemter. Seiner Karriere tat dies jedoch keinen Abbruch. Hanfstaengl wurde von Franklin D. Roosevelt als politischer und psychologischer Berater im Krieg gegen Deutschland angestellt. Nach dem Untergang des Nazireichs kehrte er 1946 nach Deutschland zurück und schrieb dort seine Memoiren. Hanfstaengl starb 1975 in seiner Heimat, ohne dass ihn die Vergangenheit je eingeholt hätte.

Ein schwereres Schicksal hingegen erwartete einen Mann, der sich schon früh gegen die Nazis gewandt hatte. Der Karikaturist Erich Ohser, Jahrgang 1903, war den Nazis schon Anfang der 30er-Jahre durch seine Anti-Hitler-Karikaturen unangenehm aufgefallen. Da gab es beispielsweise eine Federzeichnung, in der ein Spaziergänger mit Hut zu sehen war, der auf ein Hakenkreuz urinierte. In einer anderen Karikatur wird Hitler als Kriegstreiber dargestellt: Das Gesicht mit Bürstenbärtchen und Haarlocke wirkt entstellt, wie eine böse Fratze. Die mutige Haltung Ohsers sollte nicht ohne Folgen bleiben. Dem Satiriker mit der spitzen Feder wurde nach der Machtübernahme prompt die Aufnahme in die Reichskulturkammer verweigert. Am 17. Januar 1934 hat er folgenden Bescheid im Briefkasten liegen, der einem Berufsverbot gleichkommt: »Die Kommission des Landesverbandes Berlin der deutschen Presse hat aufgrund Ihrer früheren exponierten publizistischen Tätigkeit im marxistischen Sinne, Ihr Gesuch um Aufnahme in den Fachausschuss der Pressezeichner im Reichsverband der deutschen Presse und die Eintragung in die Berufsliste abschlägig beschieden.« In Panik geraten, verbrennt er in einem Schrebergarten die Originalzeichnungen seiner *Vorwärts*-Karikaturen. Ein nutzloses Unterfangen, waren die nazifeindlichen Bilder doch in riesiger Auflage erschienen. Dass Goebbels und seine Spießgesellen Ohsers antifaschistische Arbeit vergessen würden, war eine Hoffnung, die jeden Realitätssinns entbehrte.[19] Nach dieser ersten Schreckphase passte sich Ohser zähneknirschend der neuen Zeit nach außen hin an. Unter dem Pseudonym e. o. plauen veröffentlichte er unpolitische Comicstrips. Die liebevoll gezeichneten *Vater-und-Sohn*-Bilderstorys genossen bald Kultstatus. Dies wiederum öffnete Ohser Türen bei der als verhältnismäßig liberal geltenden Zeitung *Das Reich*. Bald konnte er dort wieder politische Karikaturen unterbringen, allerdings mussten sie dem braunen Zeitgeist entsprechen. So zeichnete Ohser anti-sowjetische und anti-britische Karikaturen, doch im privaten Kreis machte er aus seiner wahren politischen Überzeugung keinen Hehl. Dies wurde ihm im vorletzten Kriegsjahr zum Verhängnis. Ein Mitbewohner denunzierte ein Gespräch zwischen Ohser und dessen Freund Erich Knauf bei der Gestapo. Dem Prozess vor dem Volksgerichtshof entzog sich Ohser durch Selbstmord; Knauf wurde im Mai 1944 hingerichtet.

---

19 Vgl. E. O. PLAUEN, S. 43

Politisches Kabarett in den Jahren der Scheinliberalität – Der Fall Werner Finck

Im Gegensatz zum Fall Ohser blieb die Staatsgewalt beim Kabarettisten Werner Finck erstaunlich lange tatenlos. Der mutige Komiker wurde wegen seiner riskanten politischen Scherze in der frühen Hitler-Zeit zum Geheimtipp. Abend für Abend trat er in seinem Kabarett *Katakombe* auf, einem schummrigen Etablissement in der Berliner Bellevuestraße 3. In der Nachkriegszeit hat es viel Legendenbildung über das kleine Theater gegeben. Anders als es die in der Nachkriegszeit entstandenen Legenden wollten, war die *Katakombe* allerdings kein politisches Kabarett, sondern ein Kleinkunstvarieté mit Nummernprogramm. Da gab es eine Chansonsängerin, dann eine Pantomimennummer, den sogenannten Obstesser. Zum Schluss trat Finck mit einer politischen Conférence auf, als ein Künstler von vielen. Er war gewissermaßen die politische Abteilung der *Katakombe*, die vor allem für ihr Unterhaltungsprogramm bekannt war. Einigen Mitstreitern war das Kabarett sogar zu unpolitisch – sie sprangen Anfang der 30er-Jahre ab und gründeten ein eigenes, politisch engagiertes Kabarett. Doch während die Kompromisslosen nach der Machtergreifung ins Exil gingen, lernte Werner Finck die Kunst der Zwischentöne. Seine Kabarettnummern waren gerade für das bekannt, was *nicht* gesagt wurde, was zwischen den Zeilen versteckt war. Jeder Auftritt des unerschrockenen Humoristen glich einem Balanceakt auf einer Rasierklinge. Finck wusste: Würde seine Kritik zu konkret, würde man ihn sofort aus dem Verkehr ziehen und als politischen Gegner ins KZ verschleppen. Also besann er sich cleverer Kniffe, um die politische Botschaft in eine harmlos wirkende Verpackung zu kleiden. Für die Zuschauer, die genau wussten, was gespielt wurde, war die riskante Wortakrobatik ein zusätzlicher Anreiz – der Kick, den man bekommt, wenn man einen Hochseilartisten beobachtet, der ohne Netz arbeitet. Man lachte, weil man zwischen den Zeilen zu lesen verstand. Finck hat es nach dem Krieg in einem Bild trefflich beschrieben: In der Nazizeit musste man mit einem kleinen Klöppel an eine winzige Glocke schlagen, um einen ohrenbetäubenden Lärm zu erzeugen, während man heute mit einem Riesenklöppel auf eine riesige Glocke hauen muss, und doch kommt nur ein kleiner Ton dabei heraus. In der Nazizeit waren die Menschen hoch sensibilisiert, sie fühlten genau, wann unsichtbare Grenzen überschritten wurden. Finck, der Großmeister der humoristischen Grenzgänge, war auch ein gewieftes Schlitzohr, weswegen er 1933 ganz nach bester Nazifaçon und mit unschuldigem Augenaufschlag einen »Kampfbund für harmlosen Humor« (KfhH) gründete. Der »Kampfbund« veröffentlichte im Programmheft der *Katakombe* Fincks Couplet *»Es weht ein frischer Wind, zwei, drei!«*

Es weht ein frischer Wind, zwei, drei,
wir wollen wieder lachen.
Gebt dem Humor die Straße frei,
Jetzt muss auch der erwachen.

Der Löwe ist das Tier der Zeit,
Der Mars regiert die Stunde;
Doch die geliebte Heiterkeit
Geht langsam vor die Hunde.

Das aber soll dem Teufel nicht
Und keiner Macht gelingen,
Uns um das inn're Gleichgewicht
Und um den Spaß zu bringen.

Drum lasst des Zwerchfells Grundgewalt
Am Trommelfell erklingen.
Wem das nicht passt, der soll uns halt
Am Götz von Berlichingen.

Der Aufruf, dem Humor die Straße freizugeben und aus »Volkes Erwachen« ein humoristisches Erwachen zu machen, das war der Obrigkeit schließlich doch zu viel. Wie Finck aus dem Nazijargon allerlei Späße zusammenreimte, traf die Nationalsozialisten offenbar an einer empfindlichen Stelle. Das Programmheft mit dem Liedchen wurde verboten, Finck durfte trotzdem munter weitermachen. In der pseudotoleranten Atmosphäre der Anfangsjahre wurde kritischer Geist teilweise geduldet, ja man machte von nationalsozialistischer Seite Finck sogar kleine Komplimente. Im *Völkischen Beobachter* erschien eine treuherzige Kritik des *Katakombe*-Frühjahrsprogramms, geschrieben von einem Adjutanten des Propagandaministers. Finck wurde darin für seinen »manchmal geflügelten, manchmal überraschend pointensicheren Scherz« gelobt. Der Chefredakteur des notorischen Hetzblattes *Der Angriff* schrieb der *Katakombe* sogar folgende Aufmunterung ins Gästebuch: »Gefährlich oder ungefährlich – weitermachen!«[20]

---

20 Vgl. KÜHN, S. 79

Werner Finck erzählte seinem Bewunderer Dieter Hildebrandt in den 6oer-Jahren eine Anekdote, die das Absurde
seiner Situation während der scheinliberalen Phase der NS-
Zeit in ein grelles Schlaglicht stellt. Eines Abends habe ihn
ein Mann in Zivilkleidung höflich angesprochen. Nach einigem Gedrucke habe er ihm, Finck, eröffnet, er sei ein Stan-
dartenführer der SA und würde ihn gerne ins Sturmbüro
einladen. Dort könne er viel schärfere Witze machen, man
werde sich bestimmt prächtig amüsieren! Dieses Angebot
wurde vollkommen ernst vorgetragen, Finck schlug es aber
dennoch aus.

Mit den seltsamen Nettigkeiten und den freundlichen Kom-
mentaren sollte es bald vorbei sein. Die Machtergreifung,
die Gute-Laune-Aktionen der ersten Monate, waren ja nur
Bausteine im mörderischen Gesamtplan der Nazis. Noch
ging es dem Regime darum, aus außenpolitischen Motiven
das Gesicht zu wahren. Doch bald sollten die Schrauben
merklich angezogen werden. Dem Witzbold aus der *Katakombe* drohte nun der Absturz ins Bodenlose.

»Was gibt's für neue Witze? – Drei Monate Dachau!«
Politischer Humor und die Errichtung des NS-Terrorsystems

Eine der folgenreichsten Maßnahmen, welche die Nationalsozialisten in den Monaten nach dem Reichstagsbrand ver-
anlassten, war die Einrichtung erster KZs in Deutschland.
Das Muster-Konzentrationslager in Dachau bei München
unter der Führung des unseligen Kommandanten Theodor

Eicke erlangte rasch traurige Berühmtheit, und zwar nicht nur in Bayern. Anfangs wurden dort hauptsächlich Kommunisten, Gewerkschafter und Sozialdemokraten eingesperrt und nach Kräften gequält; später, als die Terrorpolitik der Nazis immer weitere Bevölkerungsschichten in Bedrängnis brachte, kamen Sinti, Roma, Juden, Zeugen Jehovas, Homosexuelle und Kriminelle hinzu. Ein Vernichtungslager wie Auschwitz ist Dachau nie geworden, dennoch wurden dort im Laufe der Jahre Tausende von Menschen erschossen und zu Tode gemartert. In den ersten Jahren gab man dem schrecklichen Ort den Schein eines »Umerziehungslagers«. Zu dieser Zeit konnte man durchaus wieder aus der Lagerhaft entlassen werden. Dass Dachau ein rechtsfreier Raum war, in dem gefoltert und gemordet wurde, war allerdings ein offenes Geheimnis. Zeitzeugen berichten, ungezogenen Kindern habe man spaßhaft gedroht, sie kämen nach Dachau, wenn sie etwas anstellten. Kurzum, das oberbayerische KZ war schnell als Ort der Grausamkeit und der Willkür in ganz Deutschland bekannt. Das Aufbegehren gegen diese Terrorzone, das nun hätte erfolgen müssen, blieb aus. Der Zeitzeuge Fritz Muliar erinnert sich, dass im Jahr 1937 Fotos aus Dachau in der österreichischen Presse kursierten, in der Dachau-Häftlinge mit schweren Kopfverletzungen zu sehen waren. Die Menschen ahnten die Dimension des Grauens, nur glauben wollten sie es nicht, denn sonst hätten sie ja aufbegehren müssen. Die Reaktion war Schweigen; man hielt den Mund und schaute weg. Dass Dachau zum Begriff für das KZ-System im Ganzen wurde, zeigte sich auch darin, dass das Lager eine feste Größe in den Witzen der Zeit wurde: »Lieber Gott, mach mich stumm, dass ich nicht nach Dachau kumm!« lautete ein weit verbreitetes

Stoßgebet. Die Dachau-Witze dienten jedoch eher dazu, es sich im Schrecken einzurichten, als zur Äußerung ernsthafter Kritik. Dem Kabarettisten Weiß Ferdl, der beileibe kein Nazigegner war, legte man beispielsweise folgenden Witz in den Mund:

> »Ich habe einen kleinen Ausflug gemacht, nach Dachau. Na – da sieht's aus! Stacheldraht, Maschinengewehr, Stacheldraht, noch mal Maschinengewehre und wieder Stacheldraht! Oaber, das soag ich euch – wann i will – i kumm rein!«

Warum ausgerechnet Weiß Ferdl, der bereits in der »Kampfzeit« als Vorprogramm zu Hitler aufgetreten war, in Witzen als Regimegegner auftaucht, ist nur schwer nachzuvollziehen. Weiß Ferdl gefiel sich in einer gewissen Ambivalenz, an seiner politischen Überzeugung kann jedoch wenig gedeutelt werden. Sein Ruf als Hitler-Gegner entstand zu Unrecht, wohl, weil seine Zuschauer und -hörer falsche Schlüsse aus seinen zweideutigen politischen Liedtexten zogen.

Das KZ Dachau existierte seit März 1933 und dass es kein Sanatorium war, war jedem klar. Die Behauptung der Kriegsgeneration, man habe »nichts gewusst«, diese Verteidigungsstrategie der ersten Nachkriegsjahrzehnte ist, wenn man sich die weit verbreiteten Redensarten und Scherze über das KZ Dachau vor Augen führt, schlichtweg unhaltbar. Aus folgendem Witz kann man beispielsweise klar herauslesen, dass KZs Orte der Willkür sind, in die man jederzeit aufgrund regimefeindlicher Äußerungen gebracht werden kann:

Treffen sich zwei Männer auf der Straße. Da sagt einer zum anderen: »Schön, dich in Freiheit zu sehen! Wie war's denn im KZ?«

Darauf der andere: »Großartig! Morgens gab's Frühstück ans Bett. Bohnenkaffee oder Kakao nach Wahl. Dann etwas Sport. Zu Mittag Suppe, Fleisch und Nachtisch. Und bevor es Kaffee und Kuchen gab, haben wir Gesellschaftsspiele gemacht. Dann noch ein kleines Nickerchen. Nach dem Abendessen haben wir Filme geguckt.«

Der Mann ist ganz erstaunt: »Toll! Was doch zusammengelogen wird! Neulich habe ich den Meyer gesprochen, der auch drinnen war. Na, und der hat mir Dinge erzählt!«

Da nickt der andere ernst und sagt: »Den haben sie ja auch schon wieder abgeholt.«

Bereits in der frühen Nazizeit schlich sich die Angstvorstellung ein, man werde, wenn man das Falsche sage, verhaftet und nach Dachau verschleppt. Dies wurde bald auch in den Witzen thematisiert:

Frage: »Was gibt's für neue Witze?«
Antwort: »Drei Monate Dachau!«

Die Einrichtung von Konzentrationslagern und die Einführung von Zwangsmaßnahmen wie der »Schutzhaft«, all dies hat also seine Wirkung auf die deutsche Bevölkerung nicht verfehlt. Seit dem Reichstagsbrand herrschte in Deutschland, was die Sphäre des Rechts betraf, ein permanenter Ausnahmezustand. Als Vorwand für die entfesselte Obrigkeitswillkür mussten vermeintliche Staatsfeinde herhalten, denen man – so wurde beteuert – mit den regu-

lären Mitteln der Weimarer Gesetzgebung nicht mehr bei-
kommen könne. Wem staatsfeindliche Aktivitäten unterstellt wurden, der hatte schlechte Karten; gegen die sofort
wirksamen Urteile der Sondergerichte ließen sich keine
Rechtsmittel einlegen. Selbst wenn keine Anklage erfolgte,
war man nicht in Sicherheit, denn die Gestapo, die unab-
hängig von der Justiz agierte, konnte Verdächtige jederzeit
auf unbestimmte Zeit aus dem Verkehr ziehen. Die aus
der Schutzhaft Entlassenen mussten mit dem Stigma des
Verbrechers leben, man mied sie, als hafte an ihnen etwas
bösartig Ansteckendes. Was zulässig war, und was nicht,
das konnten die Behörden nach Gutdünken festlegen.
Von den Nazis erlassene Gesetze waren nur das pseudo-
rechtsstaatliche Beiwerk. Regimekritische Äußerungen
fielen schon seit dem 21.3.1933 unter die »Verordnung des
Reichspräsidenten zur Abwehr heimtückischer Angriffe
gegen die Regierung der nationalen Erhebung«, derzufolge
die Verbreitung »unwahrer« Behauptungen mit Gefängnis
oder Zuchthaus bestraft werden konnte. Schon im ersten
Jahr wurden 3744 Verstöße gegen die neue Verordnung ge-
ahndet. Dennoch war der Obrigkeit das Gesetz noch nicht
scharf genug. Es wurde knapp ein Jahr später durch das
»Gesetz gegen heimtückische Angriffe auf Staat und Partei und zum Schutz von Parteiuniformen« ersetzt. Selbst
nichtöffentliche Regimekritik war nun ein Tatbestand, der
mit Gefängnis bestraft werden konnte. Im Reichsgesetzes-
blatt hieß es:

§ 1

(1) *Wer vorsätzlich eine unwahre oder gröblich entstellte Behauptung tatsächlicher Art aufstellt oder verbreitet, die ge-*

eignet ist, das Wohl des Reichs oder das Ansehen der Reichsregierung oder das der Nationalsozialistischen Deutschen Arbeiterpartei oder ihrer Gliederungen schwer zu schädigen, wird, soweit nicht in anderen Vorschriften eine schwerere Strafe angedroht ist, mit Gefängnis bis zu zwei Jahren und, wenn er die Behauptung öffentlich aufstellt oder verbreitet, mit Gefängnis nicht unter drei Monaten bestraft.

(2) Wer die Tat grob fahrlässig begeht, wird mit Gefängnis bis zu drei Monaten oder mit Geldstrafe bestraft.

(3) Richtet sich die Tat ausschließlich gegen das Ansehen der NSDAP oder ihrer Gliederungen, so wird sie nur mit Zustimmung des Stellvertreters des Führers oder der von ihm bestimmten Stelle verfolgt.

§ 2

(1) Wer öffentlich gehässige, hetzerische oder von niedriger Gesinnung zeugende Äußerungen über leitende Persönlichkeiten des Staates oder der NSDAP, über ihre Anordnungen oder die von ihnen geschaffenen Einrichtungen macht, die geeignet sind, das Vertrauen des Volkes zur politischen Führung zu untergraben, wird mit Gefängnis bestraft.

(2) Den öffentlichen Äußerungen stehen nichtöffentliche böswillige Äußerungen gleich, wenn der Täter damit rechnet oder damit rechnen muss, dass die Äußerung in die Öffentlichkeit dringen werde.

(3) Die Tat wird nur auf Anordnung des Reichsministers der Justiz verfolgt; richtet sich die Tat gegen eine leitende Persönlichkeit der NSDAP, so trifft der Reichsminister der Justiz die Anordnung im Einvernehmen mit dem Stellvertreter des Führers.

(4) Der Reichsminister der Justiz bestimmt im Einvernehmen

mit dem Stellvertreter des Führers den Kreis der leitenden Persönlichkeiten im Sinne des Absatzes 1.

Der »Artenschutz« für die NSDAP und ihre Repräsentanten, der sie über jede Kritik erhaben machen sollte, war zugleich eine Steilvorlage für Denunzianten. Das Volk ließ sich aber nur bedingt von dem neuen, ruppigen Ton einschüchtern. Wie sich das veränderte politische Klima auf das Erzählen politischer Witze auswirkte, ist letztlich nicht eindeutig zu klären. Schließlich funktionierte das Zwangssystem nie so lückenlos, wie es die Nazis gerne gehabt hätten. Man konnte nicht jeden Bürger überwachen, nicht kontrollieren, was in jedem Haus und an jeder Straßenecke passierte. Dessen waren sich die Deutschen in ihrem täglichen Umgang sicherlich bewusst.

Nichtsdestotrotz waren die Herausgeber der Nachkriegswitzsammlungen überzeugt, dass Scherzbolde gefährlich lebten. Einer von ihnen, Kurt Sellin, schrieb in der Einleitung zu seinem Buch *Die Hitlerei im Volksmund*, einem 1946 erschienenen Buch mit der »Zulassung Nr. 17 der Nachrichtenkontrolle der Militär-Regierung«:

Man hat oft den Witz als tödlich bezeichnet und von tödlicher Ironie gesprochen. Das Dritte Reich ist an den Witzen, die über es gemacht worden sind, nicht gestorben. Zu beweisen, dass der Witz auch für den Erzähler tödlich werden kann, das ist zwar nicht dem Dritten Reich vorbehalten gewesen. Es hat aber besonders viele Beispiele dafür geliefert.[21]

---

21 SELLIN, S. 19

Ausführlich berichtete Sellin über die »persönlichen Gefahren«, die das Erzählen eines Witzes bergen konnte. Außerdem behauptete er, dass die Menschen politische Witze aus Furcht vor schwersten Strafen nur noch heimlich erzählt hätten, im Flüsterton und begleitet vom »deutschen Blick«, mit dem erst festgestellt wurde, ob nicht jemand heimlich mitlauschte. Diese Sicht deckt sich allerdings nicht mit den Aussagen der Zeitzeugen, die für dieses Buch befragt wurden. Sie berichteten mehrheitlich, man habe politische Witze frei, öffentlich und ohne Angst vor Strafe machen können. Tatsächlich entspricht dies den Ergebnissen der jüngeren Forschung. Meike Wöhlert hat die Urteile der mit »Heimtücke« befassten Sondergerichte in fünf deutschen Städten analysiert und verglichen. Bei der Abhandlung geht es wohlgemerkt nur um aktenkundige Fälle, nicht um die riesige Dunkelziffer. Schließlich war das Erzählen von politischen Witzen ein kaum kontrollierbares Massenphänomen. In 61 % der gerichtlich untersuchten Fälle wurden Witzeerzähler mit einer Abmahnung laufen gelassen. Vor allem Alkoholeinfluss wurde als mildernder Umstand gewertet. Wer in der Kneipe im Suff über die Stränge schlug, der galt als nicht voll zurechnungsfähig. Da aktenkundige Witze meist in Kneipen weitererzählt wurden, gab es entsprechend viele milde Urteile. In einigen seltenen Fällen wurde eine Geldstrafe verhängt, in nur 22 % der Urteile wurde eine Haftstrafe angeordnet. Interessanterweise wurden die härtesten Heimtücke-Urteile in der Friedenszeit gefällt; meist überstieg die angeordnete Haftzeit aber nicht fünf Monate[22].

---

22 Vgl. WÖHLERT, S. 95 ff.

Die Annahme, es habe im Krieg serienweise Todesurteile für Witzeerzähler gegeben, ist nach Prüfung der zeitgeschichtlichen Dokumente kaum haltbar. Freilich, es gab in der Endphase des Dritten Reichs solche Fälle, doch waren dies extreme Ausnahmen, von denen später noch genauer zu sprechen sein wird. »Tödliches Lachen«, »Als Lachen gefährlich wurde«, mit solchen Titeln und Kapitelüberschriften sind die Flüsterwitzsammlungen der Nachkriegszeit versehen. Als stichhaltig hat sich die These vom stets lebensgefährlichen Witze-Erzählen jedoch nicht erwiesen.

Unzweifelhaft war es spätestens seit der Verabschiedung des Ermächtigungsgesetzes für Regimegegner äußerst brenzlig geworden. Selbst Werner Finck, der unerschrockene Grenzgänger aus der »Katakombe« kam jetzt bedenklich ins Trudeln. Abend für Abend besuchten »Kulturkontrolleure« der Partei seine Vorstellungen und schrieben eifrig jedes Wort mit. Die Schlapphüte waren so betont auffällig-unauffällig, dass Finck aus ihrer Anwesenheit einen frechen Scherz strickte. Mitten in seiner Conférence sprach er sie direkt an und sagte mit einem Augenzwinkern: »Soll ich langsamer sprechen? Kommen Sie mit? Oder soll ich mitkommen?« So richtig freuen wollten sich die Nazis im Publikum allerdings an Scherzen wie diesem nicht. In einem Protokoll mit der kafkaesken Bezeichnung Nr. 41551/35 II 2 C 8057/ 35 hielten die braunen Spione folgende Beurteilung fest:

Das Publikum in der ›Katakombe‹ setzt sich in der überwiegenden Mehrzahl aus Juden zusammen, die den Gemeinheiten und der bissigen, zersetzenden Kritik des Conférenciers Werner

Fink [sic!] fanatisch Beifall zollen. Fink [!] ist der typische frühere Kultur-Bolschewist, der offenbar die neue Zeit nicht verstanden hat oder jedenfalls nicht verstehen will und der in der Art der früheren jüdischen Literaten versucht, die Ideen des Nationalsozialismus und alles das, was einem Nationalsozialisten heilig ist, in den Schmutz zu ziehen.[23]

Zwei Jahre nach der Machtübernahme riss der Obrigkeit endgültig der Geduldsfaden. Mit der gegenüber Finck praktizierten Scheinliberalität war es schlagartig vorbei. Zwar hatte man Finck bis 1935 noch Rollen in verschiedenen UFA-Lustspielen zugestanden, doch waren es kleine Gastrollen, wie die eines schmierigen Paparazzos in der Schmonzette *Frischer Wind aus Kanada*. Beim nächsten Film, *April, April*, war dann endgültig Schluss. Finck wurde vom Set weg verhaftet und in das gefürchtete Gestapohauptquartier in der Prinz-Albrecht-Straße gebracht. Finck berichtete, er habe zuerst gedacht, der Spuk sei in einer halben Stunde vorbei. Doch als sich das Verhör in die Länge zog und seine Auftrittszeit in der *Katakombe* immer näher rückte und schließlich verstrich, begann er zu ahnen, dass die Obrigkeit Ernst machen wollte. Freilich ahnte er nicht, dass seine Arbeitsstätte am selben Abend geschlossen worden war, und zwar für immer. Nach einigem Hin-und-her-Gedruckse – die Beamten waren insgeheim Fans von Werner Finck – wurde ihm mitgeteilt, er werde »dabehalten«. In seinen Memoiren hat Finck die Szene, die einer gewissen Tragikomik nicht entbehrt, so beschrieben:

---

23 FINCK (2), S. 75

Da endlich mussten die Wachhabenden mit der Sprache he-
rausrücken. Wirklich verlegen – und überaus höflich – bedau-
erten sie, mich verhaften zu müssen. Dann begleiteten sie mich
ins gegenüberliegende Gefängnis. Bei meinem Eintritt sprang
ein baumlanger SS-Mann auf mich zu und fragte: »Haben Sie
Waffen?« »Wieso?«, fragte ich. »Braucht man hier welche?«[24]

Die nationalsozialistische Presse schlachtete Fincks Verhaftung leidlich aus; im SS-Blatt *Das Schwarze Korps* wurde die
Katakombe als »geistiger Schuttabladeplatz« diffamiert. Ganz
nebenbei stellte sich heraus: Auch anderen Kabarettisten
war das gleiche Schicksal widerfahren. Ein Schwesterkaba-
rett der *Katakombe,* Günther Lüders' *Larifari,* wurde ebenfalls
ausgehoben, und auch das beliebte *Tingel-Tangel* musste für
immer schließen. Fincks Verhaftung war Teil einer groß an-
gelegten, konzertierten Aktion gegen missliebige Kabarettisten, die bis ins kleinste Detail vorbereitet worden war. So
hatte ein enger Vertrauter Goebbels, der Major Rettelsky,
seinem obersten Dienstherren schon im Vorfeld empfoh-
len, solche »Brutstätten jüdischer und marxistischer Propaganda während der Vorstellung zu schließen und sämtliche
Beteiligten einschließlich des Publikums, in Schutzhaft zu
nehmen«.[25]

Nicht jeder der Verhafteten Komiker landete in einer Zelle.
Ekkehard Arendt zeigte sein NS-Parteibuch, Rudolf Platte
zeigte Reue und schwor Besserung; beide kamen frei. Weniger glimpflich ging die Angelegenheit für Werner Finck,

24 FINCK, S. 69
25 Vgl. KÜHN, S. 80

Walter Groß, Walter Trautschold, Günter Lüders und Heinrich Giesen aus, die allesamt ins Konzentrationslager Esterwegen an der holländischen Grenze verschleppt wurden. In den Räumen der *Katakombe* nistete sich im September das Kabarett *Tatzelwurm* ein. Von nun an präsentierten die neuen Direktoren Tatjana Sais und Bruno Fitz gleichgeschalteten Harmlos-Humor, der keinen Anlass mehr für staatliches Eingreifen bot. Währenddessen begann für Finck und seine Mitstreiter eine schlimme Leidenszeit. Zwar war Esterwegen nicht mit den Vernichtungslagern der 40er-Jahre vergleichbar, doch sanft wurde hier nicht mit den Häftlingen umgesprungen. Nicht unterschätzt werden sollte die quälende Ungewissheit, ob man denn jemals wieder freikommen würde. Finck hatte insofern Glück, als er als Prominenter und beliebter Kabarettist nicht die volle Brutalität des Wachpersonals zu spüren bekam. Man erlaubte ihm sogar, im KZ einen Kabarettabend zu veranstalten. Seine Conférence *Keine Angst! Wir sind ja drin* ist im Wortlaut erhalten geblieben. Sie ist ein Paradestück Finck'schen Galgenhumors:

> *Kameraden, wir wollen versuchen, euch heute etwas zu erheitern. Unser Humor wird uns dabei helfen. Wir haben ihn behalten. Obwohl wir Humor und Galgen noch nie so dicht beieinander erlebt haben. Die äußeren Umstände kommen unserem Vorhaben nicht gerade entgegen. Wir brauchen nur auf die hohen Stacheldrahtzäune zu blicken, elektrisch geladen und hochgespannt. Wie eure Erwartungen.*
> *Und dann die Wachttürme, die in jedem Augenblick all unsere Regungen registrieren. Mit entsicherten Maschinengewehren. Aber diese Maschinengewehre können uns nicht imponieren,*

Kameraden. Weil wir Kanonen bei uns haben, jawohl! Stim-
mungskanonen!
Ihr werdet euch bestimmt wundern, wieso wir so munter und
fröhlich sind. Nun, Kameraden, das hat ja seine Gründe: In
Berlin waren wir es schon lange nicht mehr. Im Gegenteil. Im-
mer, wenn wir da aufgetreten sind, hatten wir ein unangeneh-
mes Gefühl im Rücken. Das war die Furcht, ins KZ zu kom-
men. Und seht, jetzt brauchen wir keine Angst mehr zu haben:
Wir sind ja drin![26]

Finck und seine Kollegen mussten schließlich »nur« sechs
Wochen im KZ schmoren. Dies hatten sie nicht Goebbels'
Gnade, sondern dem glücklichen Umstand zu verdanken,
dass die Schauspielerin Käthe Dorsch sich ihrer Sache angenommen hatte. Dorsch, die einst mit Hermann Göring ver-
lobt gewesen war, intervenierte bei ihrem ehemaligen Liebhaber. Dort stieß sie auf offene Ohren, denn nur allzu gerne
war der eitle Göring dazu bereit, seinem ewigen Rivalen Goebbels eins auszuwischen. Einen Freibrief für Finck brachte
die Rettungsaktion allerdings nicht. Die Kabarettisten aus
Katakombe und *Tingel-Tangel* mussten sich nach ihrer Freilassung vor einem ordentlichen Gericht verantworten.

Die Hauptverhandlung vor dem Sondergericht des Landge-
richtes Berlin wegen Vergehens gegen das »Heimtückegesetz«
sollte Kabarettgeschichte machen. Unvorsichtigerweise hatte
man die Öffentlichkeit nicht ausgeschlossen. Schon die Ver-
lesung der Anklageschrift, die fast ausschließlich aus politischen Witzen und Chansons bestand, löste große Heiterkeit

---

26 Vgl. KÜHN, S. 280

im Publikum aus. Dann wies der Richter den Angeklagten Finck an, seinen anstößigsten Sketch, *Das Fragment vom Schneider*, vor aller Augen nachzuspielen. In der Nummer waren unzählige Anspielungen versteckt, die Finck nun vorsichtshalber entschärfte. Unzensiert ging der Sketch so:

Ein Kunde (Werner Finck) kommt zum Schneider (Ivo Veit).

Schneider: Womit kann ich dienen?

Kunde (beiseite): Spricht der auch schon vom Dienen! (laut) Ich möchte einen Anzug haben ... (Vielsagende Pause. Dann nachdenklich:) Weil mir etwas im Anzug zu sein scheint.

Schneider: Schön.

Kunde: Ob das schön ist? Na, ich weiß nicht.

Schneider (ein wenig ungeduldig): Was soll's denn nun sein? Ich habe neuerdings eine ganze Menge auf Lager.

Kunde: Aufs Lager wird ja alles hinauslaufen.[27]

Schneider: Soll's was Einheitliches oder was Gemustertes sein?

Kunde: Einheitliches hat man jetzt schon genug. Aber auf keinen Fall Musterung!

Schneider: Vielleicht etwas mit Streifen?

---

27 Anmerkung des Autors: Hier sind die KZs gemeint.

Kunde: Die Streifen kommen von alleine, wenn die Musterung ist. (Resigniert:) An den Hosen wird sich ein Streifen nicht vermeiden lassen …

Schneider: Fangen wir erst einmal mit der Jacke an. Wie wäre es denn mit Winkel und Aufschlägen?

Kunde: Ach, Sie meinen eine Zwangsjacke?

Schneider: Wie man's nimmt. Einreihig oder zweireihig?

Kunde: Das ist mir gleich. Nur nicht diesreihig![28]

Schneider: Wie wünschen Sie die Revers?

Kunde: Recht breit, damit ein bisschen was draufgeht. Vielleicht gehen wir ja alle mal drauf. Der Kronprinz hat ja gesagt: Immer feste druff!

Schneider: Dann darf ich vielleicht einmal Maß nehmen?

Kunde: Doch das sind wir gewöhnt.

Der Kunde nimmt Haltung an, der Schneider stellt sich mit dem Zentimetermaß neben ihn. Er nimmt Maß, während der Kunde die Hände stramm an die Hosennaht legt.

---

28 Ibid.: Dies vernuschelte Finck gerne bei seinen Auftritten, sodass es sich anhörte wie »Nur nicht dies Reich«.

Schneider (auf das Maßband schauend): 14/18 ? Ach stehen Sie doch einmal gerade.

Kunde: Für wen?

Schneider: Und jetzt bitte den rechten Arm hoch? Mit geschlossener Faust? 18/19. Und jetzt mit ausgestreckter Hand; 33. Ja, warum nehmen Sie denn den Arm nicht herunter? Was soll denn das heißen?[29]

Kunde: Aufgehobene Rechte.

Vor Gericht wandelte Finck die Schlusspointe, die sich auf die von den Nazis aufgehobenen Bürgerrechte bezog, geschickt um. Er sagte »erhobene Rechte«, worauf ihn der Staatsanwalt entrüstet korrigierte, es hieße doch richtig »aufgehobene Rechte«. Finck erwiderte geistesgegenwärtig: »Das haben jetzt aber *Sie* gesagt!«, worauf der ganze Saal in schallendes Gelächter ausbrach. Der Prozess endete mangels ausreichender Beweise mit Freispruch. Finck war mit dem Schrecken davongekommen, allerdings hatte man ihn mit einem einjährigen Berufsverbot belegt. Außerdem war seine Arbeitsstelle der Säuberungsaktion zum Opfer gefallen. Zwar war der mutige Possenreißer wieder ein freier Mann, doch der KZ-Aufenthalt bedeutete eine tiefe Zäsur in seinem Leben.

---

29 Ibid.: Die Maße korrespondieren mit den Daten der Revolutionsunruhen 1918/19 und der Machtergreifung 1933. Erst steht der Kunde mit Kommunistengruß da, dann streckt er die Hand wie beim »Deutschen Gruß« aus.

Die Röhm-Affäre

Das Ende der Scheinliberalität, die Verschärfung der Gangart gegenüber wahren oder vermeintlichen politischen Gegnern, war kein Zufall, kein Produkt des Augenblicks. Es hatte sich lange angekündigt. Den Repressalien war ein Anfall kannibalistischer Mordlust vorangegangen, bei dem die Nazis übereinander hergefallen waren. Die Opfer dieser Gewaltwelle waren zunächst der Stabschef der SA, Ernst Röhm, und seine Führungsclique. Röhm, eigentlich ein Duz-Freund Hitlers, hatte im Laufe des Jahres 1934, in dem der anfängliche Elan der nationalsozialistischen Regierung bereits zu ermatten begann, auf eine »zweite Revolution« zugunsten der sozial Schwachen und damit verbunden auf einen stärkeren Einfluss der SA gedrängt. Der dumpfe Haudegen war in der Zwickmühle, da er eine Revolutionsmiliz anführte, die durch die Strategie der legalen Machteroberung um die gewaltsame Revolution betrogen worden war. Mit immer neuen Aufmärschen und strategischen Waffenkäufen versuchte Röhm nun, seiner SA mehr Gewicht in Deutschland zu verschaffen. Dies stieß auf konkurrierende Interessen innerhalb der NSDAP. Die Spitze der Reichswehr, die nach wie vor mit preußischen Generälen besetzt war, brachte Röhm durch den Plan gegen sich auf, die Armee der SA zu unterstellen. Die Bevölkerung wiederum fürchtete die SA wegen ihrer unkontrollierten Übergriffe und ihrer rohen Gewaltbereitschaft. Kurzum, Röhm und seine Privatarmee, die aus ungeschlachten, in ihrem Tatendrang zutiefst frustrierten Grobianen bestand, hatten wenig Fürsprecher in Deutschland. Röhm selbst trug durch seine fordernde, finster drohende Haltung wenig dazu bei, den Ruf der SA aufzupolieren.

Hitler selbst hatte erst in kleinem Kreis, dann vor seinen versammelten Gauleitern verbale Warnschüsse in Röhms Richtung abgegeben. Der Inhalt dieser Reden drang auch zum Volk durch, das die darin enthaltenen Drohungen richtig zu deuten wusste. Wieder war Futter für neue Witze gefunden. Bezeichnenderweise steht auch bei Scherzen über den SA-Stabschef immer die menschliche Schwäche, die – nach Lesart des NS-Regimes – »abartige« sexuelle Veranlagung im Vordergrund der Scherze, nicht die Gewaltexzesse der braunen Kampfverbände:

> *Seitdem Hitler in seinen 12 Punkten öffentlich über die in den Reihen der SA eingerissenen Perversitäten klagte, versteht das Volk erst, was Stabschef Röhm in seiner Rede an die Jugend so anschaulich darstellte: In jedem Hitlerjungen steckt ein SA-Führer.*

In den Augen der Nazis gab es kaum etwas Ehrenrührigeres, als homosexuell zu sein. In dieser männerdominierten, durchmilitarisierten Gesellschaftsordnung hatte »Weibischkeit« keinen Platz. Röhm, über dessen ausschweifendes Sexualleben viel gemunkelt wurde, lieferte endlosen Stoff für umfunktionierte Schwulenwitze:

> *Wandspruch bei Röhm: Nach vier Uhr lass die Arbeit ruhn und freu dich auf die Afternoon.*

> *»Röhm verbringt seinen nächsten Urlaub in Italien.«*
> *»Aha.«*
> *»Ja, er will einige Tage am warmen Po verbringen.«*

Diese Aufzählung ließe sich beliebig fortsetzen, es sind Standardwitze, die im Grunde nichts mit Röhm zu tun hatten. Ähnlich tauchen sie zu jeder Zeit und in jedem System wieder auf, stets mit anderem Personal. Politisch werden sie nur durch den Zusammenhang, denn sie benennen die Eigenschaft, durch die sich Röhm in den Augen seiner Nazi-Komplizen angreifbar machte.

Im Deutschland des Jahres 1934 spielten die Gegner Röhms, entgegen aller Erwartung, nicht die »Moral«-Karte. Die Erzfeinde des SA-Führers, allen voran Himmler und sein ungestüm in den Vordergrund drängender Stellvertreter Heydrich, sponnen eine umständliche Verschwörungslegende, nach der ein Putsch unter Röhms Führung unmittelbar bevorstand. Am 30. Juni schlug Hitler schließlich mit äußerster Härte gegen die vermeintlichen »Konterrevolutionäre« los. Röhm, der angebliche Anführer des Putsches, wurde von Hitler, den zwei Kriminalbeamte mit entsicherter Pistole begleiteten, aus dem Schlaf gerissen. Edmund Heines, ein schlesischer SA-Führer, war bei seiner Verhaftung ebenfalls nicht mit einem Komplott beschäftigt, er lag mit einem Liebhaber im Bett.[30]

Was folgte, waren Stunden des unkontrollierten Mordens und Wütens. Wie im gleißenden Schlaglicht wurde die terroristische Disposition des neuen NS-Staates für alle Welt sichtbar. Die Freude darüber, dass dem SA-Pöbel nun endlich Einhalt geboten war, wurde durch die Explosion der Gewalt überschattet. Jedem Bürger Hitler-Deutschlands wird

---

30 Vgl. FEST, S. 636

nach der Ermordung der SA-Spitze deutlich geworden sein: Dieses Regime schreckte vor nichts zurück. Bald spottete man, die Reichsverfassung erhalte nun einen neuen Paragrafen: »Der Führer ernennt und erschießt die Minister.«

Hitler selbst zeigte nach der Liquidierung seines Duz-Freundes Nerven. In den Tagen und Wochen nach der Röhm-Affäre argumentierte er unsicher; zuweilen bezeichnete er die Gewaltaktion als »Staatsnotwehr« gegen einen SA-Putsch, führte dann aber wieder, davon abweichend, moralische Gründe zur Rechtfertigung an. Am 13. Juli hielt Hitler vor dem Reichstag eine Rede, die vor allem wegen ihrer vielen Ungereimtheiten auffiel. In einer Passage spielte er offen auf Röhms Homosexualität an:

> *Das Schlimmste aber war, dass sich allmählich aus einer bestimmten gemeinsamen Veranlagung heraus in der SA eine Sekte zu bilden begann, die den Kern einer Verschwörung nicht nur gegen die Auffassungen eines gesunden Volkes, sondern auch gegen die staatliche Sicherheit abgab.*[31]

Das Volk nahm den ihm von Hitler unvorsichtigerweise zugespielten Ball mit Freude auf und erfand verschiedene äußerst makabere Witze über Röhms ruhmloses Ableben. So ging das Gerücht, Röhms Chauffeur habe Witwenrente beantragt. Außerdem wurde gerne gejuxt, seit Röhm im Himmel wäre, trügen die Engel ihre Feigenblätter hinten. Dass der Stabschef der SA tot war, so viel wird aus diesen Scherzen klar, war den Witzeerzählern reichlich egal:

---

31 Vgl. WIENER, S. 131

»Schade, dass man den Röhm erschossen hat!«
»Wieso?«
»Man sagt, er habe gute Absichten gehabt. Er wollte in Kürze von vorne anfangen.«

In einem der wenigen Röhm-Wortspiele, die nicht auf dessen Homosexualität anspielen, wird den übrigen Naziführern in eigentlich für die Zeit untypischer Härte der Tod gewünscht:

> *Gott erhalte den Hitler. Gott erhalte auch den Göring und den Goebbels. Den Röhm hat er ja schon erhalten.*

Wie weit verbreitet dieser Witz war und ob er wirklich direkt nach der Röhm-Affäre in der Bevölkerung zirkulierte, ist heute allerdings nicht mehr eindeutig zu klären. Mit Sicherheit lässt sich hingegen feststellen: Seit der Mordaktion vom 30. Juni 1934, der neben SA-Führern auch mehrere konservative Politiker zum Opfer fielen, ließ sich noch weniger leugnen, was schon seit der Einrichtung des KZs Dachau im März 1933 offen zutage lag: Das Land war in die Hand eines terroristischen Regimes gelangt, welches weder vor Willkür und Folter noch vor blutrünstiger Gewalt zurückschreckte. Die Kriegsgeneration beharrte noch lange nach dem Untergang des Dritten Reichs darauf, man habe von alledem nichts geahnt. Die Witze aus der Phase der NS-Machtergreifung zeugen hingegen davon, dass dies bereits für die frühen Nazijahre nicht zutrifft.

IV. HUMOR UND VERFOLGUNG

Die ersten antisemitischen Maßnahmen

Während die Zwangsmaßnahmen und Morde der ersten Monate nach der Machtergreifung darauf abzielten, politische Gegner aus dem Weg zu räumen, rückten schon bald danach die deutschen Juden ins Zentrum der nationalsozialistischen Verfolgung. Je mehr sich das System stabilisierte, je sicherer sich die Nazis vor Kommunisten, Sozialdemokraten und bürgerlichen Kräften fühlten, desto mehr destruktive Kräfte wurden auf diese in die Gesellschaft fest integrierte Minderheit umgelenkt. Schon im März 1933 hatte es antisemitische Ausschreitungen durch marodierende SA-Verbände gegeben, doch ließen sich die Nazis zunächst von der heftigen Kritik aus dem Ausland beeindrucken. Während Joseph Goebbels und der oberste Antisemit der Partei, Julius Streicher, darauf drängten, die Straßen für groß angelegte Pogrome freizugeben, zögerte Hitler. Schließlich einigte sich die NS-Führung darauf, einen landesweiten Boykott jüdischer Geschäfte, Anwälte und Ärzte anzuordnen. Am 1. April bezogen bewaffnete SA-Männer Stellung vor den Läden und versuchten die Kunden davon abzuhalten, dort einzukaufen. Die Schaufenster beschmierten sie mit antisemitischen Parolen und bepinselten sie mit Davidsternen. Manche begnügten sich damit, Schilder mit Boykottaufforderungen hochzuhalten und auf die jüdischen Geschäftsleute zu schimpfen, anderswo kam es zu Plünderungen und Übergriffen. Insgesamt war der Eindruck, den die Aktion hinterließ, verheerend. Die dumpfen SA-Posten machten sich durch ihre Pöbelei weiter unbeliebt bei der Bevölkerung. Zwar waren Solidaritätsbekundungen selten, doch statt das Volk gegen die Juden aufzubringen, bewirkte der Boykott das genaue Gegenteil: Die Menschen bemitleideten die Opfer, der Umsatz jüdischer Geschäfte ging, wenn man den Stimmungsberichten der von der öffentlichen Reaktion enttäuschten Nazis trauen mag, nicht zurück.[32]

Der jüdische Witz der Zeit hat den Boykott, der die erste reichsweite antisemitische Aktion des Regimes war, mehrfach aufgegriffen. Thema der Witze war, was wenig verwundern mag, die Willkür des Staates. Trotz des Entsetzens über die von oben angeordnete SA-Pöbelei war man sich der Absurdität der Aktion in aller Deutlichkeit bewusst:

Eine rheinische Stadt während des Boykotts: Vor den jüdischen Geschäften stehen SA-Leute und »warnen« alle Vorübergehenden, das Geschäft zu betreten. Eine Frau will in ein Wirk-

---

32 Vgl. FEST, S. 577

warengeschäft. Der Posten hält sie an: »Sie! Draußen bleiben!
Das ist ein Judenladen!« »Na und? Ich bin selber Jüdin!«
Der Posten schiebt sie zurück: »Das kann ja jeder sagen!«

Der Boykott verdeutlichte: Die Nazis meinten es ernst mit ihrem oft geäußerten Ansinnen, die weitgehend assimilierten Juden aus der deutschen Gesellschaft herauszudrängen. Eine verhältnismäßig kleine Minderheit wurde nun von Staats wegen zum Blitzableiter für die tief in der gesellschaftlichen Mitte verorteten rassistischen Ressentiments. Außerdem wurden die Juden während des von viel Propagandalärm begleiteten Boykotts nun ganz offiziell zum Sündenbock für jeden auch noch so weit hergeholten Missstand erklärt. Dabei gab es gerade in vielen ländlichen Gegenden gar keine Juden, ein Umstand, den dieser jüdische Witz aufgreift:

Julius Streicher, der Wortführer des Boykotts jüdischer Geschäfte, erhielt aus einer kleinen norddeutschen Stadt folgendes Telegramm: »sendet sofort juden – stop – sonst boykott unmöglich!«

Der Boykott bildete den Auftakt einer nicht enden wollen den Serie antijüdischer Maßnahmen, die Viktor Klemperer und andere eindrucksvoll beschrieben haben. Das Dritte Reich, es fing nicht mit Auschwitz an, sondern es schaukelte sich über Jahre bis zu diesem fürchterlichen Kulminationspunkt hoch. Die ersten Maßnahmen zielten darauf ab, möglichst viele Juden aus Deutschland zu vertreiben, denn der Nazistaat gierte nach dem Eigentum der »Ausgerissenen« (Nazislang). Den Anfang der antijüdischen Verordnungen machte das »Gesetz zur Wiederherstellung des Berufsbeamtentums« vom 7. April 1935. Dies sah vor, dass »nichtarische Beamte« in den zwangsweisen Ruhestand zu versetzen seien. Nichtarier seien insbesondere solche, die von jüdischen Eltern oder Großeltern abstammten. Wenig später wurde der »Ariernachweis« auf weitere Berufe ausgedehnt: Notare, Hebammen, Apotheker usw., all diese Gruppen mussten die »Reinheit« ihres Blutes beweisen. Auch für die Gewährung von Darlehen, ja sogar zum Erwerb des Sportabzeichens war das absurde Papier notwendig. Die im Land verbliebenen Juden behalfen sich mit Galgenhumor.

»Wer ist die begehrteste Frau?« – »Die arische Großmutter natürlich!« – »Nein!« – »Wer denn sonst?« – »Die jüdische Urgroßmutter. Sie hat das Geld in die Familie gebracht und schadet nicht mehr!«[33]

Einen vorläufigen Höhepunkt brachte das »Gesetz zum Schutze des deutschen Blutes und der deutschen Ehre«, Blutschutzgesetz genannt, wodurch die Eheschließung zwischen Nichtjuden und Juden (§ 1) sowie der außereheliche Geschlechtsverkehr (§ 2) zwischen ihnen verboten wurde. In § 5 wurden bei Zuwiderhandlung drakonische Strafen angedroht. Ein holperiges Wortspiel wollte weismachen, mit der »Rassenschande« sei es jetzt in Deutschland vorbei. Der Grund? Die reichen Juden seien schon im Ausland, nur noch die Armen seien übrig geblieben – und Armut schände nicht!

---

33 Anm. des Autors: Wer eine jüdische Urgroßmutter und sonst »arische« Vorfahren hatte, war von den Rassegesetzen nicht betroffen.

Komödianten und Kabarettisten auf dem Weg ins Exil
Kurt Gerron und die Geschwister Klaus und Erika Mann

Nicht nur ins Sexualleben wurde kräftig hineinregiert; jüdische Bürger konnten auch sonst kaum noch den unzähligen Verboten entkommen. Sie durften keine »arischen« Hausangestellten mehr haben, man nahm ihnen ihre Autos weg, untersagte ihnen das Hissen der deutschen Fahne und warf ihre Kinder aus der Schule. Die vielen, durch nichts begründbaren Schikanen wurden zum alles beherrschenden Thema der jüdischen Witze:

> *Ein Inspektor kommt in eine Klasse und sieht ein blondes Mädchen mutterseelenallein auf einer Bank. Gütig fragt der Schulrat: »Warum sitzt du denn hier so allein, mein Kind?« Da schluchzt das Kind: »Wegen Omi!«*

> *Ein jüdisches Kind, das in der Schule die Schimpfreden des Lehrers auf die Juden anhören musste, kommt verängstigt mit der Frage zu seinen Eltern: »Mutti, könnt ihr mich nicht umtauschen?«*

Teile der Bevölkerung mögen die Juden bedauert haben, manche werden sich für sie eingesetzt haben. Doch die große Mehrheit schaute weg oder half sogar bei den alltäglichen Schikanen nach Kräften mit. Einen Eindruck des Spießrutenlaufs, den die deutschen Juden schon in der Vorkriegszeit erdulden mussten, gibt folgender bitterer Scherz:

> *Eine feine Dame findet keinen Platz in der Straßenbahn. Weit und breit kein Kavalier, der aufstehen würde. Nur ein kleines,*

bescheidenes jüdisches Mädchen bietet seinen Platz an. Aber
die Dame wehrt sich entsetzt gegen den »jüdischen« Sitzplatz.
Da erhebt sich bedächtig ein älterer Mann mit dem Hinweis,
dass es sich dabei um einen rein »arischen« Platz handele.

Für die Juden rührte kaum jemand einen Finger. Im Gegenteil, gewissenlose Profiteure rückten in die Positionen der Geschassten und Vertriebenen. So hatten bereits am 30. September 1933 Tausende jüdische Rechtsanwälte ihre Zulassung verloren; die »arischen« Kollegen übernahmen ihre Klienten und Fälle mit Handkuss. Auf die Frage »wie geht's dir?« antwortete der jüdische Witz: »Wie einem jüdischen Anwalt – ich kann nicht klagen.«

Die Nazischikanen nahmen im Laufe der Zeit immer rigorosere Formen an: Juden durften weder auf Parkbänken sitzen noch Kinos besuchen, ja, selbst das Halten von Kanarienvögeln wurde ihnen untersagt. Viele der Verfolgten erkannten die Zeichen der Zeit und flohen ins Exil. Ihr zurückgelassenes Eigentum wurde an dankbare »Arier« versteigert – zu Tiefstpreisen und ohne Kompensation für die Besitzer. Das Volk drängte sich bei den Auktionen, immer gierig auf Suche nach Schnäppchen. Die in Deutschland verbliebenen Juden aber sollten nicht nur ihr Hab und Gut verlieren, bald ging es um ihr Leben. Doch noch witzelten die Naziopfer über ihre prekär gewordene Lage:

Im Urwald des Sudan treffen sich Levi und Hirsch zufällig, jeder mit einer schweren Büchse über der Schulter und an der Spitze einer Trägerkolonne. Große Freude! »Wie geht es, was machst du hier?« – »Ich habe doch in Alexandrien eine Elfen-

beinschnitzerei, und zur Verbilligung des Rohstoffeinkaufs schieße ich hier meine Elefanten selbst. Und du?« – »Ganz ähnlich, ich fabriziere Krokodillederwaren in Port Said und schieße hier Krokodile.« – »Wie steht es eigentlich mit unserem gemeinsamen Freund Simon?« – »Ach, der ist ganz zum Abenteurer geworden. Er ist in Berlin geblieben!«

Auch für die Emigranten war das Leben kein Zuckerschlecken. Gern gesehen waren die Flüchtlinge nur selten. Während der ersten großen Emigrationswelle drängte ein großer Teil der jüdischen Intelligenz ins kleine Land Österreich. Trotz des offenkundigen Vorteils der gemeinsamen deutschen Sprache konnten nur wenige Glückliche im Alpenstaat beruflich Fuß fassen. Anfang der 30er-Jahre hatte die Arbeitslosigkeit in Österreich katastrophale Ausmaße angenommen, an jeder Ecke lungerten Beschäftigungslose; man schätzte ihre Zahl auf über eine halbe Million. Die Regierung unter dem Austrofaschisten Dollfuß versagte kläglich bei der Bekämpfung des wirtschaftlichen Missstands. Für die emigrierten Kabarettisten und Komiker kam noch erschwerend hinzu, dass Wien bereits eine alteingesessene und fest im Alpenländischen verwurzelte Kabarettszene mit Größen wie Grünbaum, Farkas und Jura Soyfer besaß. Wer dennoch an eins der begehrten Engagements kam, der musste häufig vor leerem Haus spielen. Kurzum: Viele Emigranten drängten sich in einem Land, das sich ohnehin in einem desolaten Zustand befand. Die politische Situation war instabil. Dollfuß wurde ermordet; sein Nachfolger, Schuschnigg, war rückgratlos und unbeliebt beim Volk. Angestachelt von der deutschen Regierung gossen die österreichischen Nazis nach Kräften

Öl ins Feuer. Außer durch grelle, propagandistische Aktionen fielen sie immer häufiger durch antisemitische Ausfälle auf. Die Situation war vergiftet, doch trotz allem blieb Österreich der wichtigste Anlaufpunkt für die Emigranten der frühen 30er.

Auch den beleibten Charakterdarsteller Kurt Gerron verschlug es 1934 in die Stadt an der Donau. Noch knapp sechs Jahre zuvor hatte er in Berlin in der bejubelten Welturaufführung der *Dreigroschenoper* das Lied von Mackie Messer gesungen. Er war an der Seite von Marlene Dietrich in *Der Blauer Engel* zu sehen gewesen und hatte eine erfolgversprechende Karriere als Lustspielregisseur begonnen. Nun gehörte er plötzlich zu den Aussätzigen. Am Tag des Boykotts jüdischer Läden vom 1. April 1933 war der Produktionsleiter von Gerrons Film *Amor an der Leine* an den Set ins Babelsberger Studio gekommen und hatte laut verkündet: »Wer nicht reinarischen Blutes verlässt sofort das Studio.« Magda Schneider, die weibliche Hauptdarstellerin, erinnerte sich nach dem Krieg an Gerrons Reaktion auf den Rauswurf. Furchtbar blass sei der große Mann geworden; mit hängenden Schultern verließ er das Atelier. Keiner rührte einen Finger, um ihn gegenüber dem Produktionsleiter zu verteidigen.[34]

Otto Wallburg, der jüdische Schauspielkollege mit der herrlichen Blubber-Sprechweise, durfte hingegen bleiben. Er hatte sich rechtzeitig eine Arbeitserlaubnis verschafft,

---

34 Vgl. hierzu das Interview mit Magda Schneider in dem Film *Prisoners of Paradise*, USA, CAN, USA, D, 2002

die allerdings nur »vorläufig« galt. Noch waren die Aktionen gegen die jüdischen Filmschauspieler durch kein Gesetz gedeckt. Doch Protest nutzte nichts. Wer gerichtlich Einspruch erhob, der wurde abgeschmettert. Kurt Gerron entschloss sich, nicht gegen den ehemaligen Arbeitgeber vorzugehen. Er hatte schnell erkannt, dass seine Situation aussichtslos war in diesem neuen Reich. »Wenn das hier gut geht, will ich Moritz heißen«, sagte er zu Otto Wallburg. Sein Film wurde von Hans Steinhoff fertiggedreht, einem jener »Hundertfünfzigprozentigen«, denen die Nazis blind vertrauten. Steinhoffs Stern stieg unaufhörlich weiter in Hitlerdeutschland. Bald drehte er den Kassenschlager *Hitlerjunge Quex;* für Kollegen Gerron hatte indes ein Leidensweg begonnen, der ihn im Laufe der nächsten zehn Jahre in bodenlose Tiefen und schließlich in den Tod führen sollte.

In Wien, der überlaufenen, überhitzten Metropole, schaffte Gerron das große Kunststück, welches nur den wenigsten Emigranten gelang: Er fand sofort Arbeit. Im Auftrag der Tobis-Film entstand die Liebeskomödie *Bretter, die die Welt bedeuten,* mit dem inzwischen ebenfalls geflüchteten Otto Wallburg in der Hauptrolle. Doch die Produktion wurde trotz der hochkarätigen Besetzung ein wirtschaftlicher Misserfolg. Von Juden gedrehte Filme waren in Deutschland unverkäuflich, der österreichische Markt aber war zu klein, um die Kosten decken zu können. Bald mieden die Wiener Studiobosse Gerron und die Geldquelle versiegte. Inzwischen waren neben Gerrons Frau auch die Eltern nach Wien gekommen, was die finanzielle Situation der Familie zusätzlich komplizierte. Eineinhalb Jahre nach seiner Ankunft beschloss Gerron, Österreich zu verlassen. Die nächste Station seiner Flucht wurde Den Haag im neutralen Holland, wo Emigranten mit offenen Armen empfangen wurden. Für die Juden, die in Wien blieben, den Grünbaums und Soyfers, würde es ein hartes Erwachen geben. Schon richtete Hitler ein begehrliches Auge auf seine alte Heimat.

Ein sicherer Hafen während der gesamten Dauer des Dritten Reichs sollte die zweite Alpenrepublik bleiben. Doch die Asylpolitik der Schweiz war hart, die Beziehung zu Nazideutschland ambivalent. Die eidgenössische Regierung bezog nicht klar Stellung gegen die menschenfeindliche Politik des großen Nachbarn. Ihre Befindlichkeit oszillierte irgendwo zwischen diplomatischer Zurückhaltung und nackter Gleichgültigkeit gegenüber dem Leid der Flüchtlinge. Das Schweigen der Behörden stand im krassen Gegensatz zu der lärmenden faschistischen Bewegung, die unüberhörbar auf mehr Einfluss in der Schweizer Politik drängte.

Ins Visier der nazifreundlichen Zürcher Frontisten geriet zusehends das politische Kabarett *Cornichon*. Walter Lesch, der unerschrockene Gründer dieser politisch-literarischen Institution, avancierte zum Intimfeind der Ultrarechten. Was die Schweizer Regierung aufs Peinlichste vermied, das wurde bei Lesch Abend für Abend vor zahlendem Publikum offen ausgesprochen. Es wurde Satire geboten, die derart ätzend war, dass sich Ribbentrops Außenministerium mehrmals genötigt fühlte, den Eidgenossen Protestnoten zukommen zu lassen. Doch aller Protest, alles Krakeelen der Frontisten bewirkte nichts. Das *Cornichon* blieb trotz der vielen Rufe nach Zensur und Verbot geöffnet. Es wurde ein Anlaufpunkt für die versprengte deutsche Kabarettszene, die hier, vor dem Zürcher Publikum, ohne Angst vor strafenden Blitzen Spott und Hohn über die Nazis ausgießen konnten. Lesch heizte selber mit antideutschen Songs nach, deren Texte viel kompromissloser waren als alles andere, was im Alpenraum geboten wurde. Deutschland, das war für den Kabarettisten das böse Reich Nazedonien, wie man aus seinem Couplet aus dem Jahr 1938 erfährt:

Er ist an allem schuld

In Nazedonien, Nazedonien,
Wo die Ururarier wohnen,
Dort im Reich der tausend Jährchen
Und der rassereinen Pärchen,
Wacht ein Lenker, groß und stark,
Über Butter, Blut und Quark.
Doch wenn er als zweiter Wotan
Noch so blitzt und funkt nach Notan
Und regiert aus vollem Hals,
Immer knapper wird das Schmalz.
Und der Führer, dräuend späht er
Nach dem bosen Attentäter,
Denn es ist doch ohne Frage
Jemand schuld an dieser Plage.
Und natürlich, siehe da!
Schon ist die Entdeckung da:
Isidor, der stets entartet,
Hat auch dieses abgekartet.
Und zur Strafe für den Haß

Nimmt man ab ihm Geld und Paß.
Und das Volk, wenn auch entfettet,
Fühlt sich immerhin gerettet.

Und die Moral von der Geschicht,
Also heißt sie kurz und schlicht:
Wenn der böse Jud nicht wär',
Ach, wär' das Regieren schwer!
In Italien, in Italien,
Dort im Land der Musikalien,
Pfeifen es die bösen Spatzen
Von den Dächern der Palazzen:
Daß die Lira nicht mehr rollt
Und der Duce furchtbar grollt,
Weil im fernen Abessinien
Unter Palmen oder Pinien
Niemand ungestraft spaziert
Und den vielen Sand regiert.
Da jedoch der große Leiter
Nie sich irrt, ergibt sich weiter
Logisch nichts, als daß Verräter,
Die bekannten Attentäter,
Schuldig sind auch hier am Po,
Ganz genau wie anderswo.
Und schon findet man den Bösen:
Signor Cohn ist es gewesen.
Und für die Verräterei
Bricht man ihm den Hals entzwei.
Und das Volk, wenn auch geplündert,
Hält das Unglück für gemindert.

Und die Moral vom Tatbestand
Bleibt sich gleich von Land zu Land:
Wenn der böse Jud nicht wär',
Wo nähm man den Schuldigen her?

In Rumänien, in Rumänien,
(Warum nicht auch in Rumänien?)
Müssen heute schon die Knaben
Ihren bösen Juden haben.
Denn wie könnt' man sonst sich traun,
So sie über's Ohr zu haun?
Irgend etwas muß geschehen,
daß sie nicht die Wahrheit sehen.
Irgend jemand wird gebraucht,
Den man in die Tinte taucht.
Deutsch und römisch und japanisch,
Frisch und fromm und franco-spanisch.
Kann das Volk man nur vernichten,
Gibt man ihm was hinzurichten.
Jude oder Kommunist,
Bibelforscher, tapfrer Christ,
Alle können dazu passen,
Daß wir nicht die Richtigen hassen.
Und so bleibt noch etwas Frist,
Bis man selbst am Messer ist.
Und das Volk, wenn auch verraten,
Riecht noch lange nicht den Braten.

Und die Moral für alle Zeit,
Bis in alle Ewigkeit:
Wenn der böse Jud nicht wär',
Ach, er fehlte uns doch sehr!

Etwas diskreter, in vielerlei Anspielungen und Metaphern verpackt, wurde in der Zürcher *Pfeffermühle* Kritisches und Politisches dargeboten. Das kleine Kabarett im Gasthof »Hirschen« war 1933 von Klaus und Erika Mann gegründet worden. Klaus Mann beschrieb das mutige Projekt so:

> *Ein literarisches Kabarettprogramm mit stark politischem Einschlag; ein anmutig spielerischer, dabei aber bitterernster leidenschaftlicher Protest gegen die braune Schmach. Die Texte der meisten Nummern – Chansons, Rezitationen, Sketche – waren von Erika (einige von mir); Erika war Conférencier, Direktor, Organisator; Erika sang, agierte, engagierte, inspirierte, kurz, war die Seele des Ganzen.*[35]

Der erste Standort der *Pfeffermühle* war München, doch dort saßen Nazispitzel im Publikum und die braune Presse betrieb eine unermüdliche Hetzkampagne gegen das kleine Theater. Nach dem Reichstagsbrand wurde das politische Klima zu gefährlich für das linke Kabarett. Aber auch nach dem Umzug in die Schweiz blieb die humoristisch-kritische Arbeit riskant. Die Schweizer Öffentlichkeit reagierte großteils mit Ablehnung auf die in Metaphern gekleidete Politsatire. Mal rührte Robert Triesch als Koch eine große Gleichschaltungssuppe, dann sang Erika Mann das Couplet vom Prinz von Lügenland, mit dem freilich Adolf Hitler gemeint war:

---

35 Zit. n. HIPPEN, S. 18

Ich bin der Prinz von Lügenland,
Ich lüg, dass sich die Bäume biegen –
Du lieber Gott, wie kann ich lügen,
Lüg alle Lügner an die Wand.

Ich lüge so erfindungsreich
Das Blau herunter von den Himmeln.
Seht Ihr die Luft von Lügen wimmeln?
Es weht der Wind vom Lügenteich.

Der liebe Sommer naht sich jetzt,
Schon sprießen Knospen an den Bäumen,
Lieb Veilchen gelb die Wiesen säumen,
Im Kriege ward kein Mann verletzt.

Ha, ha! Ihr glaubts, ich merk es ja.
Ich kanns in Euren Mienen lesen.
Obwohl es lügenhaft gewesen,
Steht es vor Euch wie Wahrheit da.

Lügen ist schön,
Lügen ist gut,
Lügen bringt Glück,
Lügen schafft Mut,
Lügen haben hübsche lange Beine.
Lügen macht reich,
Lügen sind fein,
Wirken wie wahr,
Waschen Dich rein,
Gehn wie Hündlein folgsam an der Leine.

Bei mir daheim im Lügenland
Darf keiner mehr die Wahrheit reden,
Ein buntes Netz von Lügenfäden
Hält unser großes Reich umspannt.

Bei uns ists hübsch, wir habens gut,
Wir dürfen unsre Feinde morden.
Verleih'n uns selbst die höchsten Orden
Voll Lügenglanz und Lügenmut.

Wer einmal lügt, dem glaubt man nicht,
Wer immer lügt, dem wird man glauben.
Zum Schluss lässt sich's die Welt nicht rauben,
Dass er die lautre Wahrheit spricht.

[…]
Lügen ist leicht,
Alles ist gut,
Wenn man's erreicht,
Lügen sind zu unserm Zweck die Mittel,
Lügen bringt Ruhm
Dem Lügenland
Lügen sind bunt
Und elegant;
Dumme Wahrheit geht in grauem Kittel.

Ein Prinz bin ich aus Lügenland,
[…]
Ich misch das Gift, ich schür den Brand,
Nur so schütz ich mein Reich vor Kriegen.

Wer mir nicht glaubt, den straf ich Lügen,
Ich selbst, der Prinz von Lügenland!
[...][36]

In die Analen der Kabarettgeschichte ging die von den faschistischen Frontisten inszenierte Saalschlacht im Zürcher Kursaal, wo die *Pfeffermühle* gastierte, ein. Gläser und Stühle flogen, zugleich skandierten die Rechten: »Hinaus mit den Juden« und »Wir brauchen keine Juden in der Schweiz«. Statt nun Schutz von der Obrigkeit zu bekommen, mussten die Manns ihr engagiertes Projekt öffentlich verteidigen. Doch inzwischen hatte die Vertretung Hitler-Deutschlands bei der Schweizer Regierung die Muskeln spielen lassen – mit dem Ergebnis, dass Ausländern politische Äußerungen bei Strafe verboten wurden. In Europa setzte man auf Appeasement, durch eilfertiges Entgegenkommen wollten die Nachbarstaaten Hitler beschwichtigen. Diese verblendete Vogel-Strauß-Politik bedeutete das Aus auch für Klaus und Erika Manns politisches Kabarett. Nach dem Verbot wandte sich Erika Mann mit einem offenen Brief an die Redakteure der bedeutendsten Schweizer Zeitungen, in dem sie ihre Arbeit wortreich rechtfertigte.

Die Pfeffermühle ist keine »Hetzbühne«, sie ist keine »Parteibühne« und kein »Emigranten-Theater«. Sie ist eine Vereinigung von jungen Leuten der verschiedensten Nationalität (Schweizer, Deutsche, Russen, Österreicher), die sich Mühe gibt, auf anständigem Niveau unterhaltend zu sein und auf unterhaltende Art nachdenklich. »Die Pfeffermühle gibt zu bedenken ...«, könnte

---

36 Zit. n. HIPPEN, S. 26 f.

über unsern Programmen und Einladungen stehen. Wir versu-
chen in leichter Form, die wir uns gewählt haben, die schweren
Dinge zu sagen, die heute gesagt werden müssen, und wir hät-
ten allen Grund, uns zu schämen, wollten wir jemals damit auf-
hören.[37]

Zwar wagten die Manns 1937 einen zweiten Anlauf in New
York, doch dort interessierte man sich weder für politisches
Kabarett noch sonderlich für die Belange der Kontinental-
europäer.[38] Trotz ihres Scheiterns war die *Pfeffermühle* das
erfolgreichste und wirkungsvollste Exilkabarett der Nazijahre. Das Ende des Projekts war symptomatisch für die Situation der politisch aktiven Exilanten in der Vorkriegszeit.
In den meisten Ländern verpasste man ihnen einen Maulkorb. In der Schweiz war die Situation für Flüchtlinge doppelt prekär, denn dort hatte man Angst vor »Überfrem-
dung«, viele Schweizer waren durch und durch xenophob.
Erika Mann, die seit ihrer Heirat mit W. H. Auden einen englischen Pass besaß, trafen die strengen Visa-Gesetze nicht.
Für die jüdischen Emigranten, die nicht einmal als politische Flüchtlinge anerkannt wurden, bedeutete der Weg
über die Schweizer Grenze oft nur einen Aufschub vor dem
Weg in ein deutsches Konzentrationslager. »Ausschaffung«,
so nannte man ihre Zwangsausweisung, die häufig nichts
anderes war als ein verkapptes Todesurteil.[39]

---

37 Vgl. HIPPEN, S. 23
38 Vgl. KÜHN, S. 55 f.
39 Vgl. HIPPEN, S. 14

»Juden seid ihr!« – Die hässliche Fratze des Humors

In Deutschland spitzte sich die Situation für die Juden weiter zu. Die vielen Schikanen, Pöbeleien und von der Regierung unterstützten Übergriffe wurden vom *Stürmer* mit schmuddeliger Hetze flankiert. Das Blatt des fränkischen Antisemiten Julius Streicher veröffentlichte Karikaturen, die an Primitivität kaum zu überbieten waren. Auf den Titelseiten wurde jedes erdenkliche Judenklischee durchdekliniert. Verdächtig oft befasste sich der *Stürmer* mit der sexuellen Zwangsvorstellung, die Juden wollten »arische« Mädchen schänden. Die schwül-porngraphischen Darstellungen, mit denen die Artikel zu diesem Thema begleitet waren, spiegelten auf groteskeste Weise den Physiognomiewahn der Zeit. Die krumme Nase, der sogenannte »Judensechser«, sei das bestimmende äußerliche Kennzeichen des Juden, so wollte es jedenfalls der *Stürmer*. Während der jüdische Rassenschänder pomadige Haare in südländischer Romeo-Manier trug, ließ Streicher die jüdischen Bankiers als widerliche Fettsäcke mit verschlagenem Blick darstellen. In der nächsten Ausgabe schraubte einer am Geldschrank, ein anderer hatte sich auf einer Erdkugel niedergelassen, auf die er, Gipfel des analfixierten Wahns, mit seinem dicken Hinterteil schiss. Die Welt und die Wahrnehmung des *Stürmer*, sie war pervers – erdacht von jenen kranken Hirnen, die nun im Auftrag des Volkes über Deutschland herrschten. Die antisemitischen Karikaturen entsprachen in beängstigender Weise der Bilderwelt des obersten Naziführers, der seinen Judenhass schon in *Mein Kampf* mit ähnlichen Wahnvorstellungen illustriert hatte:

> *Der schwarzhaarige Judenjunge lauert stundenlang, satanische Freude in seinem Gesicht, auf das ahnungslose Mädchen, das er mit seinem Blute schändet und damit seinem, des Mädchens Volke raubt.*[40]

Ähnliche Zeugnisse pubertären Sexualneids, aber auch antisemitische Witze waren in den Leserbriefen an den *Stürmer* in bedrückender Zahl zu finden. Ein beliebtes Thema dieses verderbten Humors war die angebliche Raffgier und der »Geiz« der Juden. Der Leserschaft des *Stürmer* fielen schier unendliche Variationen dieses Motivs ein[41]:

> *Pinkus und ein Nichtjude sind im Walde überfallen worden. Eben schicken sich die Wegelagerer an, die beiden auszuplündern. Da zieht Pinkus schnell seine Brieftasche heraus und sagt zu seinem Leidensgenossen: »Ja richtig, ich habe Ihnen ja noch 500 Schilling geschuldet, d a h a b e n S i e s i e z u - r ü c k!«*

Im Volksmund zirkulierten Witze wie dieser, und durch sie wurden Vorurteile verbreitet und bestätigt. Zwar mögen sie die *Stürmer*-Leser gesammelt haben, erzählt wurden die Judenwitze aber ebenso von völlig unpolitischen Menschen. Dies war Symptom des latenten Antisemitismus, welcher sich schon lange vor der Naziherrschaft in der deutschen Gesellschaft festgesetzt hatte und der den Boden für die Judenverfolgung im Dritten Reich bereitete. Die Grenze zwischen harmlosen Pointen und vor Ressen-

---

40 Vgl. FEST, S. 64
41 Vgl. HAHN, S. 225

timents hallenden, diffamierenden Witzen war fließend. Wo die Schallmauer zum Geschmacklosen und Verletzenden durchbrochen war, das mag nicht jedem Witzeerzähler bewusst gewesen sein. Doch auch naiv nachgeplapperte Klischees trugen zur Ausgrenzung der zuvor voll in die Gesellschaft integrierten jüdischen Minderheit bei. Wer aber außerhalb stand, wer nur noch als Fremdkörper empfunden wurde, mit dem konnte die Obrigkeit nach Gutdünken verfahren. Ungefährlich waren die Judenwitze also keineswegs. Vor dem Hintergrund von Enteignung, Vertreibung und Verfolgung über die angebliche Raffgier der Juden zu scherzen, war herzlos und zynisch, und verschaffte dem Unrecht den Schein der Legitimität. Nachkriegswitze über den Geiz der Schotten, die freilich nichts anderes waren als behelfsmäßig umgezimmerte Judenwitze, haben diesen Makel nicht. Weder sind die Schotten eine verfolgte Minderheit, noch gibt es weitverbreitete Ressentiments gegen sie.

Neben den endlosen Geldgierscherzen gab es in der Nazizeit aber auch stark ideologisch gefärbte Judenwitze, die sehr spezifische Klischees bedienten. Folgender Witz, der von einer Hausfrau aus Westfalen aufgezeichnet wurde, spricht die angebliche Verquickung von Judentum und Kommunismus an. Obwohl er im Volksmund weitergetragen wurde, wird er wegen seiner politischen Botschaft wohl ursprünglich der Feder eines Naziredakteurs entsprungen sein:

Trotzki, Lenin und Litwinow gehen durch eine kleine Stadt Russlands. Kinder rufen ihnen nach: »Wir wissen, wer ihr seid, wir wissen, wer ihr seid.« Trotzki stolz zu seinen Begleitern:

»Seht doch, wie berühmt wir sind, sogar die Kinder kennen uns.« Im Weglaufen rufen diese: »Juden seid ihr, Juden seid ihr.«

Litwinow, sowjetischer Außenminister und Figur dieses Witzes, war eine Lieblingshassfigur der deutschen Propaganda. In der Presse hieß er nur »der Jude Finkelstein«. Er stand für alles was schlecht war in der Welt und galt als lebender Beweis für die Verbindung aus Bolschewismus und Judentum. In Deutschland war er kein Mensch, sondern eine Fratze, ein Abziehbild.

Schließlich gab es Witze, in denen den Juden offen Gewalt angedroht wurde. Gedankenlos wurden sie nicht nur von eingefleischten Nazis, sondern auch von der Riesenschar willfähriger Mitläufer weitererzählt. In mehreren Quellen belegt ist beispielsweise der unappetitliche Witz, laut dem RADIO eine Abkürzung für »Rein Arischer Darf Itzig Ohrfeigen« ist. Auf Zynismus und Taktlosigkeit hatten die hundertfünfzigprozentigen Nazis kein Monopol, selbst antisemitische Gewaltfantasien waren unter unpolitischen Deutschen weitverbreitet. Freilich mag das Propagandasperrfeuer zum Judenhass beigetragen haben, doch auf die meisten antisemitischen Witze kam das Volk in Eigeninitiative – ein bedenkliches Zeichen für die judenfeindliche Grundstimmung der Deutschen.

Es ist also unzureichend, den Humor im Dritten Reich auf regimekritische Flüsterwitze zu reduzieren. Das Gros der Scherze, die einen Gegenwartsbezug enthielten, waren – wie eingangs beschrieben – gänzlich harmlos und keiner politischen Richtung zuzuordnen. Zu dieser Kategorie ge-

hörten vor allem die vielen Witze über Görings Eitelkeit
(Was fliegt durch die Luft und klirrt? Antwort: Hermann.[42]),
sowie zahlreiche kindische Wortspiele (Wer bezahlt unsere KdF-Fahrten – Antwort: Dänemark = Dä ne Mark und
dä ne Mark). Was ideologisch gefärbte nationalsozialistische Witze anbelangte: Es gab sie, nur wollte sich nach dem
Krieg keiner mehr an sie erinnern. Der offen systemkon-
forme politische Humor taucht in den Berichten von Zeitzeugen daher nur selten auf. Einige wenige Witze sind dennoch erhalten; verständlich werden auch sie nur durch den
geschichtlichen Kontext. Die Fantasie des Volkes wurde beispielsweise von Deutschlands Austritt aus dem Völkerbund
inspiriert, einem frühen außenpolitischen Coup Hitlers. In
Genf hatten über Jahre die internationalen Abrüstungsver-
handlungen stattgefunden, sehr zum Nachteil der Deutschen, wie viele national gesinnte Bürger zu wissen glaub-
ten. Die nationalsozialistisch geführte Regierung zeigte sich
zutiefst beleidigt über eine Bewährungsfrist, welche die Sie-
germächte des Ersten Weltkriegs Deutschland auferlegen
wollten. Erst nach vierjährigem Wohlverhalten, so forderte
es vor allem Frankreich, sollte Deutschland wieder militärisch mit den anderen europäischen Mächten gleichzie-
hen dürfen. Hitler antwortete mit der Herbeiführung eines
Eklats und zog Deutschlands Mitgliedschaft aus dem als lei-
digen Debattierclub verschrienen UNO-Vorgänger zurück.
Diese für alle Akteure überraschende Entscheidung sicherte
er nachträglich durch ein Plebiszit ab. Die Abstimmung gewann die Naziregierung mit großer Mehrheit – tief saß bei
den Deutschen nach wie vor die Kränkung über den verlo-

---

42 Anm. d. Autors: Hermann Göring war Reichsminister für Luftfahrt.

renen Krieg und die als maßlos empfundenen Reparationsforderungen. Dem Völkerbund, der für viele Menschen synonym für Deutschlands Knechtung stand, weinte kaum einer eine Träne nach. Im folgenden Witz wird den Abgeordneten der Weltversammlung der Tod gewünscht:

Während einer Sitzung des Völkerbunds in Genf wird ein Paket abgegeben mit der Aufschrift: »Zur gefälligen Bedienung«. Das Paket enthielt – Stricke.

Über Jahre hatte der Weimarer Staat die Mitgliedschaft erkämpft, doch alle internationalen Verhandlungen hatten nur Frustrationen gebracht. Hitlers energische Geste wurde als Befreiungsschlag begrüßt. Ein voll auf nationalsozialistischer Linie befindlicher Witz wollte wissen, dass es neuerdings einen neuen Völkerbundkäse gebe. Auf die Frage, was es denn mit dieser merkwürdigen Speise auf sich habe, antwortet der Kellner: »Der Käse läuft von selbst auseinander.« Die Witze über den Völkerbund, aus ihnen spricht eine Mischung aus Trotz und Großmannssucht. Gut gefielen sich die Deutschen in ihrer vom »Führer« verordneten neuen Stärke und Eigenständigkeit. Als das Land dann mit riesigen Rüstungsprogrammen begann, die durch keine internationalen Abkommen gedeckt waren, witzelte man nicht ohne eine Prise teutonischer Prahlerei:

Was bedeutet es, wenn der Himmel ganz schwarz ist? Antwort: Es sind so viele Flugzeuge in der Luft, dass die Vögel zu Fuß gehen müssen.

Später, während der für das nationalsozialistische Deutschland so erfolgreichen Anfangsphase des Krieges, trumpfte der Volksmund mit markigen Landserwitzen à la: »Der Papst ist in Warschau eingetroffen. Er gibt den Polen die letzte Ölung.« Im Humor des Dritten Reichs, dem Witz der Sieger, spiegelt sich jene Selbstgefälligkeit, die aus dem Gefühl entsteht, im Recht zu sein. All die Minderwertigkeitsgefühle, die sich im Laufe der Weimarer Zeit angesammelt hatten, fielen im Rausch der Siege von den Deutschen ab; sie wichen einem lärmenden Herrenmenschenhabitus, welcher von der Herabwürdigung der Unterlegenen zehrt. In vielen Witzen wird dem obersten Repräsentanten des in Jahrtausendzyklen rechnenden Nazireichs gehuldigt, die Besiegten ernten hingegen nur Hohn:

Wer ist der größte Elektrotechniker Deutschlands? Adolf Hitler. Er hat Österreich eingeschaltet, Russland ausgeschaltet, die ganze Welt auf Hochspannung gebracht und bedient immer noch den Schalter.

Wer sind die drei größten Fotografen? Hitler, Mussolini und [der tschechoslowakische Präsident] Beneš. Warum? Hitler löst aus, Mussolini entwickelt und Beneš zieht ab.

Genauso selbstgerecht war der Humor vieler professioneller Spaßmacher. Ein Moderator des nie über das Experimentalstadium herausgekommenen NS-Staatsfernsehens ließ sich dazu hinreißen, politischen Abweichlern per Wortspiel mit KZ-Haft zu drohen. Ob die mit katzenhaftem Grinsen vorgetragene Conférence die Menschen zum Lachen brachte, ist heute nicht mehr zu klären:

Um mal wieder über die Musik zu sprechen: Ich freue mich ei-
gentlich, dass es heute alles so wunderbar im Takt geht, nicht
wahr? Wenn es auch hier und da immer mal so etliche Quer-
pfeifer bei uns gibt – und vielleicht auch mal solche, die gern
einmal wieder die Zentrummel rühren möchten, so genannte
Devisenmusikanten –, ach, da machen wir wenig Federle-
sen, die kommen zu ihrer weiteren Ausbildung in ein Kon-
zertlager, wo man ihnen so lange die Flötentöne beibringt,
bis sie sich an eine taktvolle Mitarbeit gewöhnt haben.

Kabarett als Keule gegen Andersdenkende, das gefiel Hitler
und seinen Kameraden. Bei aller nach außen gerichteten Imperatorenpose liebte der Diktator seichte Unterhaltung und
derbe Scherze. Schier kaputtlachen konnte er sich über die
Bonmots seines Münchner Kumpans, des Fotografen Hoff-
mann, den er regelmäßig mit Goebbels zu Witzabenden
einlud.[43] Die Nazispitze, die ihre Schergen unnachgiebig
gegen jüdische Komiker und regimekritische Kabarettisten
vorgehen ließ, war also dem Humor in keiner Weise abge-
neigt. Nur stromlinienförmig musste er sein. Wenn Rudi
Godden im völkischen Kabarett *Die Acht Entfesselten* gegen
die Abartigkeit der modernen Kunst analberte, hatte selbst
der argwöhnische Propagandaminister nichts auszusetzen.
Keine Gestapobeanstandung gab es auch beim *Tatzelwurm*,
der sich in den Räumen der geschlossenen *Katakombe* ein-
genistet hatte.[44] Hitler und Goebbels ließen sich gerne in
den Tempeln der leichten Unterhaltung blicken; die Varie-
tés durften selbst in der Endphase des Krieges offen bleiben,

---

43 Vgl. STEINERT, S. 327
44 Vgl. KÜHN, S. 81

die beliebtesten Künstler und Artisten waren per eigenhändig ausgefertigter »Führerliste« von der Wehrpflicht freigestellt. Zur Erheiterung des »Führers« veranstaltete der umtriebige Propagandaminister Privatgalas, bei denen hübsche Tänzerinnen und Nazicomedy geboten wurde. Über die gefälligen Witze der schneidigen Kabarettisten Jupp Hussels und Manfred Lommel lachte Hitler und seine Entourage bis in die frühen Morgenstunden. In den Wochenschauen wurden aus den Naziführern dann wieder die ernsten Weltenlenker, als die sie sich selbst gerne sahen. Allein wenn es darum ging, Gegner lächerlich zu machen, entfaltete Hitler jenen ihm eigenen Humor, der von der Beleidigung des anderen zehrt. Der englische Premier Chamberlain war für ihn ein »Regenschirmtyp«, Roosevelt ein »Paralytiker« und Churchill ein »Trinker«.[45] Im Sportpalast rief Hitler:

Es gibt in unserer hochdeutschen Sprache für eine Erscheinung wie Duff Cooper kein passendes Wort, da muss man schon zur Mundart greifen, und hier ist nur im Bayerischen ein Wort geprägt, das so einen Mann charakterisiert: »Krampfhenne!«[46]

45 Vgl. WIENER, S. 37 f.
46 WIENER, S. 36

Gunst und Ungunst des Regimes –
Weiß Ferdl und Karl Valentin

Der Diktator hatte keinen Sinn für Feinheiten, das bewies auch sein merkwürdiger Humor. Mit dieser Eigenschaft war er keinesfalls allein in Nazideutschland. Auch einige professionelle Filmkomiker boten gerne dürftige Scherze. Liebstes Kind der Braunen war der bereits erwähnte Münchner Volkssänger und -schauspieler Weiß Ferdl, der seine Kontakte zur NS-Spitze seit den 20er-Jahren pflegte. Im Dritten Reich avancierte er zum großen Star. Neben gefälligem Liedgut lieferte der bayerische Barde mehrere unsägliche Volkskomödien, die an Plattheit kaum zu überbieten waren. Gipfel der Dümmlichkeit war sein Film *Der Lachdoktor* aus dem Jahr 1939, in dem er als Landarzt durch eine einfältige Story alberte. Angereichert waren die dürftigen Schenkelklopfer mit Dirndl-Folklore und dem unvermeidbaren arisch-blonden Personal, welches jahrhundertelanger alpenländischer Inzucht entsprungen zu sein schien. Die gleichgeschaltete Presse fand Gefallen an der bajuwarischen Geistlosigkeit und machte Weiß Ferdl zu ihrem ganz besonderen Darling. Auch das Wohlwollen des »Führers« verhalf dem weißblauen Bänkelsänger zu einem steilen Karrieresprung. Auf dem Obersalzberg ließ sich Hitler den *Lachdoktor* in privater Runde zeigen.

Der ungleich begabtere Kollege Weiß Ferdls, der Komiker Karl Valentin, teilte nicht die zweifelhafte Gunst der Nazibonzen. Sein feiner, anarchischer Humor war den Machthabern nicht bieder genug. Zudem stand Valentin im Ruf, ein »linker Vogel« zu sein, obwohl er sich mit politischen

Äußerungen zurückhielt und sogar der Reichskulturkammer eine Stellungnahme zu den despektierlichen Witzen zukommen ließ, die ihm vom Volk in den Mund gelegt wurden. Doch alles Leugnen der kritischen Gesinnung half nichts. 1936 wurde der völlig unpolitische Valentin-Film *Die Erbschaft* wegen »Elendstendenzen« verboten. Valentin und seine Partnerin Liesl Karlstadt, die zusammen Klamaukklassiker wie *Die Orchesterprobe* und *Im Fotoatelier* gedreht hatten, waren nun faktisch mit einem Berufsverbot belegt. Es war ein schmähliches, ein zutiefst unwürdiges Karriereende für das beste Comedy-Duo, das Deutschland je hatte. Valentin, die große Lichtgestalt des Humors, zog sich zutiefst verbittert aus der Öffentlichkeit zurück.

Titelblatt von »Putzi« Hanfstaengels Buch, 1933

Traubert Petter brachte seinen Affen den
»deutschen Gruß« bei

UFA-Komödien im Dienste der NS-Ideologie

Statt cleveren Slapsticks, so wollten es Goebbels und seine Erfüllungsgehilfen, gab es im Kino fortan nur noch braune Film-Einheitskost, gedreht von einer Riege schamlos dilettierender Lustspielregisseure à la Carl Froelich und Wolfgang Liebeneiner. Wer sich mit Parteibuch und zur Schau getragener rechter Gesinnung angebiedert hatte, der konnte es auch mit mäßigem Talent weit bringen in der UFA-Glitzerwelt – schließlich mussten die leeren Plätze der vertriebenen jüdischen Künstler gefüllt werden. Die rigorosen politischen Säuberungen führten zu absurden Situationen. So liefen noch 1934 Filme mit beliebten jüdischen Schauspielern, welche die Nazis längst aus dem Land vertrieben hatten, und das Volk pfiff Gassenhauer der emigrierten Willy Rosen und Friedrich Hollaender. Die noch großteils privatwirtschaftlich organisierte Filmwirtschaft verteidigte ihre schizophrene Politik; man könne die Filme mit den Juden ja nicht einfach wegwerfen. Spätestens ab 1935 war die Gleichschaltung des deutschen Films jedoch abgeschlossen, die Filme mit den jüdischen Darstellern verschwanden aus den Kinos. Dafür, dass politisch Unzuverlässige wie Werner Finck oder Karl Valentin nicht mehr zum Zuge kamen, sorgte die Reichskulturkammer. Außerdem wurde das Vergabesystem für staatliche Gelder stark reglementiert. Unliebsame Produzenten konnten so ohne viel Aufhebens finanziell trockengelegt werden. Bereits Ende der 30er-Jahre war die Filmindustrie weitgehend verstaatlicht. Jedes Drehbuch musste über den Schreibtisch des notorisch misstrauischen Propagandaministers wandern. Durch die rigorose Vorzensur der Bücher konnte Goebbels die Projekte schon vor Drehbeginn auf Nazilinie trimmen. Es versteht sich, dass in diesem System nur Infames und abgrundtief Dümmliches entstehen konnte. Gut 90 % der im Dritten Reich produzierten Filme waren an Seichtheit kaum zu überbieten Komödchen, welche die Menschen vom braunen Terroralltag und später vom Krieg ablenken sollten. Fast nie war der Hitlergruß in diesen Lustspielen zu sehen, nirgends wehte eine Hakenkreuzfahne, die Realität wurde systematisch ausgeblendet. Meist beschränkte sich die Handlung auf eine durch herbeikonstruierte Verwicklungen komplizierte Liebesgeschichte, die von chargenhaft agierenden Ariern bis zum unausweichlichen Happy End vorangetrieben wurde. Dass die Menschen den einfältigen UFA-Kitsch amüsant und lustig fanden, ist heute kaum noch nachzuvollziehen. Auch wenn der von oben verordnete Humor schal und abgeschmackt war, er wurde vom Volk goutiert. Kaum einem Zuschauer wird aufgefallen sein, dass die vermeintlich unpolitischen Genrestücke gerne mit subtil eingeflochtenen propagandistischen Inhalten angereichert waren.

Heinz Rühmann als Komödienstar in der NS-Zeit

Selbst alberne Heinz-Rühmann-Filme wie *Quax, der Bruchpilot* waren, so hat es die neuere Forschung nachgewiesen, alles andere als ideologiefrei. Mal ging es unterschwellig darum, jungen Männern den Beruf des Fliegers schmackhaft zu machen – die Luftwaffe brauchte dringend »Menschenmaterial« an der Ostfront –, mal wollte Goebbels die Deutschen dazu animieren, möglichst viele Kinder zu zeugen. *Hurra, ich bin Papa!*, so hieß ein beliebter Rühmann-

Schinken. »Der Führer braucht Soldaten«, kommentierte der Propagandaminister zynisch den Streifen. »Kein besonders guter Rühmann-Film, aber für den Krieg schon zu gebrauchen.«[47]

Rühmann hat selbst nie zu den unterschwelligen Polit-Inhalten seiner Filme Stellung bezogen. In seiner blassen Autobiografie *Das war's* klammerte er das heikle Thema aus. Ein Film wie *Quax, der Bruchpilot* war für ihn schlicht »[...] ein Film so recht nach meinem Fliegerherzen«.[48] Dennoch ist der immer wieder vorgetragene Vorwurf, Rühmann sei ein überzeugter Nazi gewesen, sicherlich falsch. Er biederte sich nicht bei den braunen Machthabern an, hielt aber auch keine peinliche Äquidistanz, wie es etwa Hans Albers tat. In der Nachkriegszeit stufte ihn der zuständige Entnazifizierungsausschuss als Mitläufer ein, ein Urteil, das – bei aller Ambivalenz – Rühmanns passiver politischer Haltung entsprach. Dass er trotz aller Anfeindungen wegen seiner jüdischen Frau Maria weiter in Nazideutschland drehte, dass er die Augen verschloss, als sein Freund Otto Wallburg ins Exil getrieben und schließlich ermordet wurde, all dies war eher seiner Mischung aus Ängstlichkeit, Scheuklappenmentalität und Karriereversessenheit zuzuschreiben als einer Affinität zum Nationalsozialismus. Wie Rühmanns Biograf, Torsten Körner, richtig festgestellt hat, war er ohnehin nicht von einem bestimmten politischen System abhängig. Als sympathisch empfundene Verkörperung des »kleinen Mannes«, der sich durchs Leben mogelt, war er schon

47 Zit. n. KLEINHANS, S. 6
48 RÜHMANN, S. 149

in der Weimarer Zeit ein Star.[49] Auch nach den zwölf Hitler-Jahren erfreute er sich weiter großer Popularität. Zu Goebbels und Hitler, die ihn ohne sein aktives Zutun nach Kräften protegierten, hatte er ein zwiespältiges Verhältnis. Sicher wird ihn erschreckt haben, dass ihn der Propagandaminister brüsk aufforderte, die Bindung mit seiner Frau zu lösen. Auch der gegen Rühmann gerichtete Hetzartikel im SS-Blatt *Das Schwarze Korps,* der seine Ehe mit der »Volljüdin« anprangerte, wird den Staatskomiker nicht für die Naziideologie eingenommen haben. Angesichts der Drohkulisse, die man aufgebaut hatte, entschloss er sich zu einem Kompromiss; den Bruch mit dem Regime, das in sein Privatleben hineinregieren wollte, wagte er nicht. Auf Anraten Görings entschloss sich Rühmann zur Scheidung von Maria Bernheim und arrangierte dann eine Scheinehe mit dem schwulen schwedischen Schauspieler Paul von Nauckhoff, dem er als artigen Dank für die unorthodoxe Hilfsaktion einen Sportwagen vor die Tür stellte. Maria konnte nach Schweden ausreisen und verbrachte dort unbeschadet die Kriegsjahre. Da die Ehe mit Maria ohnehin hoffnungslos zerrüttet war, kann man Rühmann kein moralisches Fehlverhalten vorwerfen; er blieb ihr auch nach der Scheidung loyal verbunden, zahlte ihr eine großzügige monatliche Apanage und lud sie sogar zu seiner Hochzeit mit der Schauspielkollegin Hertha Feiler ein. Dass die Neue an der Seite des beliebten Komikers nach Nazilesart »Vierteljüdin« war, das wird manchem Bonzen übel aufgestoßen sein. Konsequenzen drohten aber diesmal nicht, die Ob-

---

49 Anm. d. Autors: Die UFA hatte ihn lange vor der Machtergreifung fest unter Vertrag genommen, was bei Komikern sonst so gut wie nie geschah.

rigkeit schwieg zähneknirschend. Dennoch gab es viele Eigentümlichkeiten und Widersprüche im Tun und Wirken Rühmanns. Einerseits setzte er sich – vergeblich – für einen Todeskandidaten ein, andererseits spielte er in einigen mehr als fragwürdigen Filmen mit, so etwa in der Produktion *Der Gasmann* aus dem Jahr 1939, in dem er als kleiner Beamter in die Mühlen des NS-Zwangsstaats gerät. Die wenig charmante Botschaft des als witzige Komödie ausgegebenen Streifens: Wer nicht kuscht, der wird abgestraft. Im ersten Teil des Films schenkt ein Fremder dem braven Beamten Knittel, gespielt von Heinz Rühmann, einen hohen Geldbetrag. Knittel will den Fremden, der ihm nicht geheuer ist, anzeigen. Doch die Denunziation missglückt, beim für den Ariernachweis zuständigen Amt ist er an der falschen Adresse. Knittel entschließt sich, das Geld auszugeben, doch durch sein plötzliches Leben in Saus und Braus gerät er schnell selbst in Verdacht. Es folgen unangenehme Gestapoverhöre, bis sich die ganze Angelegenheit vor einem Nazigericht als vollkommen harmlose Kabale entpuppt. Statt des für Verrat üblichen Todesurteils wird Knittel freigesprochen. Der als Spaß und witziger Zeitvertreib gedachte Film ist aus heutiger Sicht beklemmend. Die ungewöhnliche Nähe des Films zum NS-Alltag war selbst den Parteibonzen nicht geheuer, *Der Gasmann* wurde nur selten gezeigt und auf Rudolf Heß' Geheiß musste die UFA eine Szene herausschneiden, in der Rühmann unerhört schlampig den Hitlergruß macht. Dass Rühmann sich im Propagandaeinsatz unwohl fühlte, ist eindeutig belegbar. Nach Möglichkeit drückte er sich vor dem Einsatz an der Stimmungsfront. Immer wenn die Naziideologie offen propagiert werden sollte, versuchte er, seine Auftritte kurz zu halten. Doch trotz aller Bestrebungen, sich nicht einspannen zu lassen, pflegte er eine innige Freundschaft mit der Nazigröße Ernst Udet, der seine Fliegerleidenschaft teilte. Mitten im Krieg durfte Rühmann als Privatflieger herumkurven – ein Privileg, das nur wenige Auserwählte genießen durften. So blieb das Verhältnis des bekanntesten Spaßmachers des Dritten Reichs zum Nationalsozialismus eigentümlich schillernd; die Vorwürfe, die er sich dafür in der Nachkriegszeit einhandelte, hatte er sich gänzlich selbst zuzuschreiben.

Der antisemitische Film

Im Comedybereich gab es Filme, die weitaus unappetitlicher waren als *Der Gasmann* oder der Wehrmachtsunterhaltungsfilm *Wunschkonzert,* in dem Rühmann einen nur wenige Sekunden dauernden Gastauftritt gab. Ein absoluter Tiefpunkt der Lustspielgeschichte war ohne Zweifel Hans H. Zerletts antisemitisches Musical *Robert und Bertram* nach der Posse von Gustav Raeder. Die Story des Machwerks, dessen Vorlage in keiner Weise antijüdisch war, dreht sich um die Abenteuer zweier Tippelbrüder, gespielt von den Komikern Rudi Godden und Kurt Seifert. Die Vagabunden Robert und Bertram begegnen dem Mädchen Lenchen, das gegen ihren Willen mit dem Gläubiger ihres Vaters verheiratet werden soll. Lenchen liebt aber den schönen Michel. Um das Mädchen zu retten, schleichen sich die zwei pfiffigen Landstreicher beim Kostümfest des jüdischen Kommerzienrats Ipelmeyer ein und stehlen dessen Familienschmuck. Da Ipelmeyer sein Geld ohnehin ergaunert hat, ist an dem

Diebstahl nichts Verwerfliches; Lenchens Vater wird aus der Schuld freigekauft und das überglückliche Lenchen kann nun Michel heiraten.

Im Laufe dieser dürftigen Handlung werden alle gängigen antisemitischen Klischees durchgehechelt. Ipelmeyer, der mit seiner krummen Nase wie den *Stürmer*-Karikaturen entsprungen zu sein scheint, giert ohne Unterlass schönen Balletttänzerinnen nach und macht ihnen schmierige Avancen. Sein Diener, gespielt von Robert Dorsay, steuert dümmliche Kommentare bei, die in einem merkwürdigen pseudo-jiddischen Kauderwelsch vorgetragen werden. Dann gibt es noch Ipelmeyers dicke Frau, die durch den ausgesucht geschmacklos eingerichteten Protzpalast ihres Gatten watschelt, sowie verschiedene Bankierskumpane, die nicht minder abstoßend dargestellt werden. Hans Zerlett, der Regisseur, brüstete sich in seinem Interview, die Ipelmeyer-Szenen hätten bewusst »[...] eine stark antisemitische Tendenz. Es ist selbstverständlich, dass die sechs jüdischen Rollen, die vorkommen, mit Nichtjuden besetzt werden mussten, aber die Masken sind so echt, dass niemand an der Waschechtheit meiner Semiten zweifeln wird.«[50] Diese Äußerung stand am 17.1.1939 im *Film-Kurier*, nur kurz nach der großen Pogromnacht. Der Filmhistoriker Klaus Kreimeier spricht berechtigtermaßen von einer »Reklame für den Tod« – anders kann man Zerletts Machwerk kaum bewerten. *Robert und Bertram* entstand fast zeitgleich mit anderen antisemitischen Filmen, wie etwa dem Kassenknüller *Jud Süß*. Nur wenig später rollten die Deportationsviehwagen

---

50 Vgl. KREIMEIER, S. 2

nach Osten, das Teufelswerk der »Endlösung« hatte begonnen. Der Zusammenhang zwischen der Schwemme antisemitischer Filme und dem Genozid, er ist kaum zu leugnen.

»Dass 1942 dieses Genre sich im Wesentlichen erschöpft hatte, ist wohl darauf zurückzuführen, dass die Todesmaschinerie in den Lagern inzwischen auf Hochtouren arbeitete; die Propaganda hatte ihre Schuldigkeit getan. Die nationalsozialistische Führung musste davon ausgehen, dass sich die Massendeportationen keineswegs unbemerkt von der Bevölkerung vollzogen hatten, und auch die Massenvernichtung war vermutlich nur das am wirkungsvollsten verdrängte öffentliche Geheimnis – aber das Volk war, nicht zuletzt mithilfe einiger sehr erfolgreicher Filme, psychologisch vorbereitet worden. So sahen es jedenfalls die politische Führung und ihre Helfershelfer in der Filmindustrie.«[51]

Das Zerrbild des Judentums, das in *Robert und Bertram* im Zentrum einer Komödienhandlung steht, entsprang keinem Stammtischantisemitismus, sondern einer kühl geplanten Gesamtstrategie. Versteckt in einer harmlos wirkenden Komödie konnte das Gift der Propaganda weitaus effektiver wirken als in den Wochenschauen. Die Zuschauer lachten und erwarteten gar keinen politischen Inhalt. Doch der Humor machte sie aufnahmefähig für jene Hetze, die erst die Verfolgung und Ausgrenzung und dann die Ermordung der Juden ermöglichte.

---

51 KREIMEIER, S. 5

V. HUMOR UND KRIEG

Das Ende der Scheinliberalität und
der Weg in den Krieg

Nach einer Zeit trügerischer Ruhe, während der die deutsche Führung immer wieder ihren Friedenswillen bekundet hatte, ging es plötzlich Schlag auf Schlag. In der ersten Phase der Expansion gelangen Hitler unblutige Siege, die ihn in seinen Allmachtsfantasien bestärkten. Österreich konnte er ohne Gegenwehr annektieren; den Straßenrand säumten jubelnde Blumenmädchen und euphorische Neu-»Ostmärker«. Gerne wollten die am Wiener Heldenplatz feierlich eingedeutschten Bürger am großen nationalsozialistischen Abenteuer teilnehmen. Doch weckte die Herablassung, mit der Österreich nach dem Anschluss vom fernen Berlin regiert wurde, bald alte Minderwertigkeitsgefühle gegenüber dem großen Nachbarn Deutschland. Als Gipfel der Demütigung setzten die Nazis einen rheinischen Alkoholiker namens Bürckel als Gauleiter in Wien ein, der weder die österreichische Mentalität verstand noch willens war, sich mit ihr auseinanderzusetzen. Die Wiener verpassten ihm den wenig charmanten, aber treffenden Spitznamen »Bierleiter Gaukel« und schimpften hinter vorgehaltener Hand über die deutschen »Piefkes«. In einer Volksabstimmung über den Anschluss an das Deutsche Reich erzielten die Nazis dann trotz aller Missstimmung das totalitäre Traumergebnis von 99 % Ja-Stimmen. Der Witzsammler Danimann berichtet, nach der dubiosen Abstimmung seien Graffiti aufgetaucht, auf denen zu lesen war: »Nur die allerdümmsten Kälber wählen ihre Henker selber.«[52] Doch bei allem Unmut gegenüber den Piefkes war die breite Zustimmung zum Anschluss keinesfalls eine Erfindung der Nazipropaganda. Die meisten Österreicher nahmen billigend in Kauf, dass ihre Heimat – soweit sie den nach 1918 errichteten Staat als solche empfunden hatten – auf dem Altar alldeutscher Gefühlsduselei geopfert wurde. Das harte Erwachen kam für viele erst im Krieg, im Angesicht des Untergangs. Dennoch sind Witze überliefert, die vom verletzten Nationalstolz der »Ostmärker« zeugen, dem dominanten Thema des politischen Humors im Österreich jener Tage.

Nach dem Anschluss inspiziert der Gauleiter von »Oberdonau« eine Schule in Linz. Die Fragen des hohen Herren und die Antworten der Schüler sind genau vorbereitet: »Wer ist dein Vater?« – »Adolf Hitler!« – »Wer ist deine Mutter?« – »Großdeutschland!« Der kleine Seppl Ebeseder kommt an die Reihe. »Wer ist dein Vater?« – »Adolf Hitler!« »Wer ist deine Mutter?« »Großdeutschland!« »Was möchtest du werden?« – »Vollwaise, Herr Gauleiter!«

---

52 DANIMANN, S. 58

Kein Thema des Witzes waren hingegen die sofort einsetzenden, wütenden Pogrome. Auf den Straßen wurden jüdische Universitätsprofessoren gezwungen, mit Zahnbürsten den Rinnstein zu säubern. Der empfindsame Teil der Bevölkerung konnte darüber nicht lachen, der verrohte Teil nahm aktiv an der Judenhatz teil. Es war ein schreckliches Spektakel, das sich ausgerechnet gegen jene Mitmenschen richtete, die sich die größten Verdienste in der österreichischen Gesellschaft erworben hatten. Opfer der Ausschreitungen und Verhaftungswellen wurde auch die Crème des österreichischen Kabaretts. Noch einen Tag vor Einmarsch war Fritz Grünbaum auf die durch einen Kurzschluss verdunkelte Bühne des *Simpl* getreten und hatte spontan ausgerufen: »Ich sehe nichts, absolut gar nichts, da muss ich mich wohl in die nationalsozialistische Kulturpolitik verirrt haben!« 24 Stunden später standen deutsche Truppen auf österreichischem Boden und Grünbaum war auf der Flucht. Doch der Plan, in die Tschechoslowakei zu entkommen, entpuppte sich als nicht durchführbar, die Grenze war geschlossen. In Wien drängte der ehemalige Bühnenpartner Farkas den Starkomiker, einen zweiten Fluchtversuch zu unternehmen, doch Grünbaum schlug den Rat in den Wind. Am 7.5.1938 konnte der *Völkische Beobachter* dann triumphierend vermelden: »Den Grünbaum haben wir!« Weiter hieß es, Grünbaum habe nun Gelegenheit »alle seine verzapften Witze nachzulesen«, was eine zynische Umschreibung dafür war, dass der Kabarettist nach Dachau verschleppt worden war. Sein Kollege, Farkas mit der Adlernase, war den Nazihäschern hingegen entkommen.

Während sich die Schlinge um die Juden langsam zuzuziehen begann, wurde in Berlin mit Hochdruck an neuen teuflischen Plänen gearbeitet. Parallel zu den ersten Expansionsunternehmungen Nazideutschlands wurde die deutsche Wirtschaft systematisch auf die zweite, blutige Phase des Lebensraumplans vorbereitet. Das Geld für die massive Rüstung erschlichen sich die Machthaber unter dem Vorwand, es für Konjunkturprogramme und soziale Wohltaten einzusetzen. Die Deutschen sparten auf den Volkswagen, doch mit ihrem Ersparten baute Hitler Panzer. Göring wurde mit dem Vierjahresplan beauftragt, doch statt den zivilen Sektor anzukurbeln, ließ er 3300 Kampfflugzeuge bauen. Die dauernden finanziellen Opfer, die man dem Volk abverlangte, wurden durch keine fühlbaren Gegenleistungen des Staates aufgewogen. Der zeitgenössische Witz beweist, dass die Menschen Lunte gerochen hatten. Irgendetwas stimmte nicht mit den Maßnahmen, die mit großem Getöse angekündigt wurden, so viel war jedem klar.

Womit soll sich das deutsche Volk im Zeichen des Vierjahresplans kleiden, wenn auch das Holz für wichtigere Dinge gebraucht wird? Sehr einfach, aus Stoffen, hergestellt aus Hitlers Hirngespinsten, Goebbels Lügengeweben und dem Geduldsfaden des deutschen Volkes.

Zugleich wurde die Geduld der Deutschen durch immer mehr neue Spendenaktionen strapaziert. Die Gelder, die mit der Sammelbüchse und unter allerlei hehren Vorwänden für das Winterhilfswerk und ähnliche Organisationen gesammelt wurden, versickerten auf unerklärliche Weise. Das Volk spöttelte, Katholizismus und Nationalsozialismus hätten sich endlich auf eine gemeinsame Basis geeinigt:

Die Katholiken sagen: »Morgengebet, Mittagsgebet, Abendgebet«, die Nationalsozialisten sagen hingegen: »Gebet morgens, gebet mittags, gebet abends.«

Außerdem kursierte das Gerücht, der Volkswagen werde statt der Blinker Winterhilfswerks-Sammelbüchsen anmontiert bekommen, dann weiche das Volk schon von selber aus.

Trotz der rücksichtslosen, nur durch blanken Vampirismus durchführbaren Rüstungspolitik führte Hitler sein Land ungenügend vorbereitet in den Krieg. Ein nur mit halber Kraft geführter Angriff im Westen hätte anfangs die Niederlage des Nazireichs bedeuten können. Die nach außen gezeigte Stärke stand also in krassem Gegensatz zu den tatsächlichen Kräfteverhältnissen im Europa des Jahres 1939. Doch Hitlers Suggestionsfähigkeit verfehlte ihre Wirkung nicht. Dass das Muskelspiel reiner Bluff war, ahnte keiner der politischen Akteure. Einziges Zeichen für den enormen Druck, der auf Hitler lastete, die Unsicherheit, ob er das Spiel nicht überreizt hatte, war sein plötzlich potenzierter Hass auf »Kritikaster« und »Miesmacher«. Die Kritikunfähigkeit des Naziführers, die nichts anderes als Zeichen seiner Nervenschwäche war, sollte auch für diejenigen Konsequenzen haben, die gerne auf seine Kosten lachten. »Die politische Witzemacherei ist ein liberales Überbleibsel«, konstatierte Goebbels, Hitlers eilfertiger Adlatus, im *Völkischen Beobachter*. Die Dünnhäutigkeit seines Chefs war ihm nicht entgangen.

Von der drohenden Verschärfung der Gangart ahnte zu diesem Zeitpunkt noch keiner der im Reich verbliebenen Kabarettisten etwas. Werner Finck, der wie durch ein Wunder aus dem KZ freigekommen war, betätigte sich am *Kabarett der Komiker,* einer Berliner Bühne, die von Willy Schaeffers, einem eher linientreuen Mann, geleitet wurde. Willy Schaeffers hatte dem Engagement Fincks nur unter der Bedingung zugestimmt, dass er keine politischen Anspielungen mehr in seiner Nummer mache. Finck hatte mit vielen beschwichtigenden Beteuerungen zugestimmt und präsentierte sich von nun an »leicht gedrosselt«, eine doppeldeutige Umschreibung für eine entschärfte Form des Humors, die in winzigsten Andeutungen stattfand. In einem Sketch fragte ihn eine Frau nach der Uhrzeit. Fincks freche Antwort: »Ich darf über die Zeit nicht reden.« Das Publikum schmunzelte, denn jeder wusste, dass er einen Maulkorb verpasst bekommen hatte. Mit den kleinen Sticheleien machte Finck trotzdem weiter. Ein beliebter Witz war folgender:

Ein Mann kommt zum Zahnarzt. Sagt der Zahnarzt: »Nun machen Sie mal schön den Mund auf.« Darauf der Mann: »Wieso? Ich kenne Sie ja gar nicht.«

Dass Finck auch noch öffentlich damit kokettierte, dass man ihm den Mund verboten hatte, drang bald zu den Naziapparatschiks durch. Die Kulturkontrolleure, Spitzel des Propagandaministeriums, meldeten Ende Januar 1939 an die Zentrale, im *Kabarett der Komiker* würden Staat und Partei frech verhöhnt. Finck ahnte von alledem nichts. Zwar hatte er einige Verwarnungen bekommen, doch sonst war es, wie er später schrieb, an der Goebbelsfront weitgehend ruhig geblieben.[53] Die Ruhe täuschte, denn diesmal wollte der Propagandaminister sichergehen, dass der Schuss nicht wieder an seinem dicken Rivalen Göring abprallte. Der Schlag gegen Finck wurde diesmal generalstabsmäßig vorbereitet. »Der politische Witz wird ausgerottet, und zwar mit Stumpf und Stiel«, schrieb Goebbels in sein Tagebuch. Als Auftakt der großangelegten Anti-Humor-Offensive wurden Werner Finck und drei weitere Kollegen aus der Reichskulturkammer ausgeschlossen und mit einem endgültigen Berufsverbot belegt, da sie, wie es in der Begründung heißt, »jede positive Einstellung zum Nationalsozialismus vermissen lassen«. Finck hatte die plötzliche Härte des gegen ihn gerichteten Schlags vollkommen überrascht. Die Sorge, bald unter einem neuen Vorwand ins KZ gesteckt zu werden, trieb ihn nicht ohne Grund um. Tatsächlich bekam er im Laufe des Jahres die Information gesteckt, im Propagandaministerium habe man mit ihm nach wie vor eine große Rechnung zu begleichen. Unter dem Siegel der Verschwiegenheit erfuhr er, dass man ihn nun endgültig aus dem Verkehr ziehen wollte. Nun musste er schnell und beherzt handeln, so viel war klar. Da der Krieg bereits unaufhaltsam seinen Lauf nahm, war an den Weg ins Exil nicht mehr zu denken. Wie konnte er also den Häschern des mächtigen Propagandaministers, den er so furchtbar erzürnt hatte, entkommen? Finck entschloss sich in der Not zur Flucht nach vorne – er meldete sich freiwillig zum Kriegsdienst.

---

53 Vgl. FINCK, S. 111

Zwar hatte sich Finck dem Einflussbereich des Propagandaministers durch diesen beherzten Schachzug entzogen, doch nun drohten andere Gefahren. Abgesehen von dem Risiko, im Kampf getötet zu werden, musste man sich auch bei der Truppe mit kritischen Äußerungen in Acht nehmen, für »Miesmacher« galten seit 1938 neue Regeln. Der unselige Generalfeldmarschall Keitel, der Hitler restlos verfallen war (Volksspott: »Lakeitel«), hatte ein Gesetzeswerk mit einem bürokratischen Bandwurmnamen erfunden: die Kriegssonderstrafrechtsverordnung. Hinter dem Wortungetüm versteckte sich eine carte blanche für die Nazis, Oppositionelle zu ermorden. Gemäß §5 stand nun auf »Zersetzung der Wehrkraft« die Todesstrafe. Wer den Krieg schlecht redete, wer defätistische und kritische Äußerungen machte, der konnte dafür erschossen werden. Die Frauen aber sollten auf besonderen Wunsch des »Führers« durchs Fallbeil sterben. Wer ein solcher »Volksschädling« und »Zersetzer« war, das lag ganz im Ermessen des gesunden Volksempfindens – was hieß, dass es von der Obrigkeit vollkommen willkürlich bestimmt werden konnte. Das Gesetz war eine weitere Schraubendrehung, ein weiterer Schritt hin zum totalen Staatsterror.

»Aber Warschau liegt doch nicht in Deutschland« – *Der Kriegsbeginn und die ersten Jahre des Weltkrieges*

Die Dünnhäutigkeit der Staatsführung gegenüber Kritik, die scharfen Gesetze gegen Defätisten, all dies war auch darauf zurückzuführen, dass sich keine rechte Kriegsbegeisterung einstellen wollte. Die Veteranen des Ersten Weltkriegs hatten noch klar die Schrecken eines Zweifrontenkrieges vor Augen. Dass Hitler nun kurz davor war, durch einen Überfall auf Polen eine erneute Auseinandersetzung mit England und Frankreich heraufzubeschwören, löste bei den meisten Menschen daher mulmige Gefühle aus. Unleugbar stand es trotz des Propaganda-Sperrfeuers nicht zum Besten um die Moral der deutschen Bevölkerung. Für ein bisschen Aufmunterung sorgte Heinz Rühmann, der mit einem markigen Marschlied an die Stimmungsfront geschickt wurde. »Das kann doch einen Seemann nicht erschüttern« wurde an allen Straßenecken nachgesummt und -gepfiffen. Ob das zackige Lied seinem Ruf als bekanntester Durchhalteschlager des Zweiten Weltkriegs gerecht wurde, ob es die Menschen wirklich auf den Krieg einstimmte, kann schwer geklärt werden. Der Jubel blieb jedenfalls trotz aller Anstrengungen aus, herbeizwingen konnte ihn niemand, zu tief saß die Furcht der Deutschen vor einem zweiten Verdun. Stattdessen beschloss die Führung, die Zügel anzuziehen, um kritische Stimmen notfalls durch Justizmorde zum Schweigen zu bringen. Doch gänzlich verstummen wollte die von den sich überschlagenden Ereignissen beunruhigte Bevölkerung nicht. Nicht nur die sich zur Gewissheit verdichtende Kriegsahnung trieb die Menschen um, es waren auch die außenpolitischen Manöver Hitlers, die kurz vor Kriegsbeginn für Kopfschütteln, Verwirrung und erboste Parteiaustritte sorgten. Jahrelang hatte die nationalsozialistische Führung um die Gunst Englands geworben, um den Rücken für die Lebensraumeroberung im Osten freizubekommen. Abgesehen von einem halbherzigen Flottenabkommen war aber nie etwas bei den Annäherungsversuchen herausgekommen. Aus Frustration über den Korb, den er von den störrischen Engländern bekommen hatte und getrieben von schlecht durchdachten taktischen Überlegungen, entschloss sich Hitler nun, ausgerechnet mit dem ideologischen Erzfeind einen Pakt einzugehen. Jahrzehntelang hatte er gegen die vermeintliche bolschewistische Gefahr angewettert, nun warf Hitler alle Prinzipien über Bord, mit dem einzigen Zweck, beim Angriff auf Polen nicht in einen Zweifrontenkrieg verstrickt zu werden. Der Pakt mit der Sowjetunion, den Hitler selber brechen würde, bestärkte die westlichen Mächte in ihrem Willen, bei der nächsten kriegerischen Handlung, die von Deutschland ausging, mit voller Kraft zurückzuschlagen. Es war ein verheerendes Signal, das kurzfristig den Krieg an allen Fronten vermied, langfristig aber in eine militärische Katastrophe münden musste. Abgesehen von den strategischen Konsequenzen des Teufelspaktes war Hitler nun in deutlicher Erklärungsnot. So sah es jedenfalls das Volk, das die Glaubwürdigkeitsfalle, in der ihr »Führer« durch eigenes Zutun getappt war, frech glossierte:

Hitlers Gastgeschenk an Molotow beim Abschluss des deutschrussischen Freundschaftspaktes war eine signierte Luxusausgabe von Mein Kampf *mit eigenhändigen Radierungen des Führers (nämlich der antirussischen Textstellen).*

Ein ähnlich gestrickter Witz wollte wissen, dass Stalin jetzt seine Memoiren schreibe. Der Titel: »Dein Kampf, mein Sieg« (da die Sowjetunion durch den Hitler-Stalin-Pakt einen Teil Polens zugeschlagen bekommen sollte). Die offizielle Propaganda ließ sich durch solche Schnodderigkeiten nicht beeindrucken und verkaufte den unseligen Bund mit Stalin unverdrossen als genialen Schachzug Hitlers. Das Fell des noch gar nicht erlegten Bären Polen war nun zwischen Deutschland und der Sowjetunion aufgeteilt. Auf die halsbrecherischen diplomatischen Volten, so viel war allerdings klar, mussten Taten folgen. Die Ereignisse hatten eine fatale Eigendynamik bekommen. Ein Witz, der kurz vor Kriegsbeginn zirkulierte, nahm bereits den weiteren Verlauf vorweg:

> *Drei Schweizer unterhalten sich im Juli 1939 über ihre Urlaubspläne. Sie wollen Deutschland kennen lernen, der eine will nach München, der zweite nach Berlin. Der dritte sagt: »Ich fahre nach Warschau!« »Aber Warschau liegt doch nicht in Deutschland«, erwidern die anderen. Darauf der Dritte: »Ich nehme meinen Urlaub ja erst im Oktober!«*

Ralph Wiener, der diesen Witz aufgezeichnet hat, bemerkt zu Recht, dass in der Pointe eine nazistische Wunschvorstellung enthalten ist. Wer immer den Witz in Umlauf brachte, war durch und durch von der Rechtmäßigkeit des Angriffskriegs überzeugt.[54] Er ist ein Zeugnis der Großmannssucht – eines Affekts, der in der neuen braunen Volksgemeinschaft fest verwurzelt war. Die weitverbreitete Skepsis, die durch Hitlers Kriegstreiberei geweckt wurde, entsprang bei vielen Volksgenossen nicht etwa moralischen Bedenken, sondern der Furcht vor der Wiederholung des Traumas von 1918. Bezeichnenderweise war die Sorge spätestens nach dem Frankreichfeldzug wie weggewischt; jetzt schwelg-

---

54 Vgl. WIENER, S. 105

ten die Deutschen in ihrem blutrünstigen Triumph. Die Freude über militärische Überrumpelungsaktionen sollte allerdings nicht lange währen; das Nazireich hatte sich durch den Überfall auf Polen endgültig in der Staatengemeinschaft isoliert. Im Kampf gegen den Rest der Welt war Deutschland fast ausschließlich auf sich selbst gestellt; der wichtigste Verbündete in Europa war das militärisch unbedeutende Italien.

Selbst die Partnerschaft mit der zweiten faschistischen Diktatur auf europäischem Boden kam nur mühsam zustande. Mussolini war anfangs äußerst skeptisch gegenüber Hitlers Ambitionen, vor allem hielt er seinen Plan für undurchführbar, aus den Deutschen eine »rassenreine« Herde zu machen. Die erste Annäherung kam während des Abessinienkriegs, eines brutalen und hoffnungslos anachronistischen Spätkolonialabenteuers Italiens, bei dem Hitler den »Duce« mit Rohstofflieferungen unter die Arme griff. Die Annäherungsversuche der zwei Diktatoren blieben nicht unbeachtet. Das Volk witzelte, nun sei auch Göring nach Abessinien geschickt worden. Kurz darauf habe er zurück nach Berlin gedrahtet: »negus geflohen – stopp – uniform passt – stopp – hermann.«

Mussolini bedankte sich für Hitlers Unterstützung beim Abessinienabenteuer, indem er den Anschluss Österreichs an das Nazireich klaglos akzeptierte. 1939, kurz vor Ausbruch des Weltkrieges, war das Verhältnis zwischen den beiden Staaten so weit gediehen, dass Italien in einen »Stahlpakt« einwilligte, durch den sich das Land ohne Einschränkungen militärisch an Deutschland kettete. Mussolini verpflichtete sich leichtfertig dazu, dem großen Bündnispartner jederzeit bei Kampfeshandlungen beizuspringen, ganz gleich, ob es sich um den reinen Verteidigungsfall oder um einen Angriffskrieg handelte. Damit hatte der italienische Diktator den eigenen Untergang besiegelt. Zeitweise wird er geahnt haben, wie leichtfertig er sich mit dem kriegslüsternen Hitler eingelassen hatte. Am Polenfeldzug nahm Italien jedenfalls, entgegen der mit martialischer Entschlossenheit besiegelten Bündnisverpflichtung, nicht teil. Auf den Kriegskarren sprang Mussolini erst auf, als er absehen konnte, dass Hitler den Feldzug gegen den ewigen Angstgegner Frankreich gewinnen würde. Eine Woche vor der endgültigen Kapitulation der Grande Nation setzte der »Duce« seine Truppen in Marsch. Während die deutschen Panzerverbände auf Paris zurollten, blieben die Italiener bereits in der Vorstadt des winzigen Grenzorts Mentone stecken. Mussolini, der sich einen Teil des großen Kuchens Frankreich hatte sichern wollen, bekam von den Deutschen prompt den Spitznamen »Reichserntehelfer« verpasst. Von nun an galten die Italiener in den Augen der Bündnispartner als vollkommen unzuverlässig und opportunistisch. In Abwandlung des Caesar-Zitats legte man dem »Duce« in den Mund: »Ich kam, als ich sah, dass er siegte.« Tatsächlich blieb Italien von nun an Deutschland treu verbunden auf dem Weg in den Abgrund. Um die Scharte auszuwetzen, machte Mussolini jetzt bei jeder noch so mörderischen Unternehmung Hitlers mit. Getrieben wurde er aber nicht von seinem schlechten Gewissen und der Sorge um seinen Ruf, sondern von maßloser Gier. Vom herbeifantasierten faschistischen Europa wollte Mussolini unbedingt einen Teil abbekommen. 1940 überfielen seine Truppen Griechenland und mussten, als sie in Schwierigkeiten kamen, von eilends herbeikommandierten deutschen Verbänden vor der Niederlage bewahrt werden. Was immer an Vorurteilen über die südländische Mentalität in Deutschland kursierte, das schien nun doppelt bestätigt. Wieder war ein schier unerschöpfliches Thema für den politischen Witz geboren:

> *Im Oberkommando der Wehrmacht trifft die Nachricht ein, Italien sei auf Mussolinis Befehl in den Krieg eingetreten. »Da werden wir ihm 10 Divisionen entgegenstellen müssen!« – »Nein, er ist doch als unser Verbündeter eingetreten.« – »Oh weh, das kostet uns mindestens 20 Divisionen!«*

Italien galt nicht ohne Grund als unsicherer Kantonist. Doch hatte dies mit der südländischen Lebensart nichts zu tun. Ganz abgesehen von der mangelhaften militärischen Schlagkraft der italienischen Armee waren die Achsenpartner äußerst unwillig in den Krieg gegangen. Außer Mussolini selbst schien niemand so recht motiviert – weder der König noch das Militär, noch die Industrie hatten sich für das Kriegsabenteuer ausgesprochen. Eine treffliche deutsche Zote wollte glauben machen, dass Mussolini auf den italienischen Staatsbahnen die Aborte entfernt hatte – »weil die Italiener auf die Achse scheißen!«. Entsprechend halbherzig trug die italienische Armee dann auch ihre Angriffe vor. Krieg im Rückwärtsgang, das war aus Sicht der deutschen Landser die einzige Taktik des kleinen Verbündeten aus dem Süden. Folgender Soldatenwitz glossiert, dass die Deutschen den Italienern bei jeder Gelegenheit zu Hilfe eilen mussten:

In Italien gibt es eine Neuheit, den Rückzugstanz. Die Tanz-
regel: Einen Schritt vorwärts, zwei Schritte zurück, einmal um
die Achse drehen, dann den Partner vorschieben und wieder
von vorn.

Mit dem Kriegsglück der Deutschen stand es allerdings
selbst während der Phase der Anfangssiege nicht immer
zum Besten. Es gab daher gar keinen Grund, mit dem Finger auf den deutlich schwächeren Verbündeten zu zeigen.
Vor allem die militarischen Operationen, die gegen England gerichtet waren, führten zu keinem nennenswerten
Erfolg. Die große Fliegerschlacht um die britischen Inseln,
während der Deutschland die Lufthoheit erobern wollte,
endete in einem Fiasko. Die Strategie Görings, der die
deutsche Luftwaffe befehligte, ging nicht auf. Überhaupt
schienen die Bombardements englischer Städte den Wi-
derstandswillen der Briten nicht zu schwächen, sondern
eher noch zu stärken. Zudem wurde das Land seit 1940
von Winston Churchill geführt, einem ungleich resolute-
ren Mann als sein Vorgänger Chamberlain. Mit ihm, der
nur »Blut, Schweiß und Tranen« versprach, hatten die verbliebenen europäischen Hitler-Gegner ihre Sprache wie-
dergefunden. Mit dem neuen Selbstvertrauen stieg auch
die Kampfmoral der Briten, die ihre Insel zielstrebig zu einer Festung ausbauten. »Operation Seelöwe«, die Landung
deutscher Truppen auf den britischen Inseln, wurde auf
Hitlers Anweisung immer wieder verschoben und dann
auf unbestimmte Zeit vertagt. Die Deutschen bemerkten
bald, dass auf das Muskelspiel ihrer Regierung in Richtung
England diesmal keine Taten folgten.

Hitler steht nach der Niederlage Frankreichs am Kanal und schaut nach England hinüber, verzweifelt, dass die Invasion zu schwierig ist. Da steht plötzlich Moses neben ihm und sagt: »Ja, hättest du meine Juden nicht verfolgt, dann könnte ich dir den Kniff mit dem Roten Meer sagen.« Ehe er sichs versieht, hat ihn Hitlers Leibwache in ihren Krallen und zwingt ihn auf der Folter zu der Aussage: »Ich brauchte nur den Stab, den Gott mir gab, waagerecht über das Wasser auszustrecken, dann wich es zurück und das Meer ward trocken!« »Wo ist der Stab, her mit dem Stab!«, schreit Hitler, aber Moses zuckt die Achseln und sagt: »Der wird im Britischen Museum aufbewahrt!«

Obwohl Hitler nun in Churchill einen veritablen Gegenspieler gefunden hatte, reagierten die Deutschen nicht mit Sorge. Im Gegenteil: Die Expansion des Reiches fand in solch stürmischer Geschwindigkeit statt, dass sich selbst eingefleischte Skeptiker von der aufkeimenden Kriegsbegeisterung anstecken ließen. Nur die wenigsten kümmerte es, dass Deutschland sich immer tiefer in verwerfliche Angriffskriege verstrickte und dass in den eroberten Gebieten deutsche Todesschwadrone ihr Unwesen trieben. So war der erste ernst zu nehmende Attentatsversuch auf Hitler die Tat eines Einzeltäters. Der Münchner Georg Elser, ein Pazifist, der mit ungewöhnlicher Weitsicht Hitlers größenwahnsinnige Absichten erkannt hatte, baute mit gestohlenem Dynamit eine hochwirksame Bombe. Doch als sie während einer Großveranstaltung im Bürgerbräukeller zündete, hatte Hitler, der Hauptredner des Abends, München bereits wieder verlassen. Seltsamerweise hielten viele Menschen im Volk das misslungene Attentat für eine Inszenierung der Nazis, so will es jedenfalls Kurt Sellin, der Herausgeber der frühesten Flüsterwitzsammlung. In seinem Buch ist folgender Witz zu lesen:

Bei dem Attentat auf Hitler im Bürgerbräukeller gab es 10 Tote, 50 Verletzte und 60 Millionen Verkohlte.

Dass die Menschen meinten, sie würden »verkohlt«, mag seltsam anmuten angesichts der Tatsache, dass mehrere hochrangige Nazis ums Leben kamen. Andererseits war Hitler alles zuzutrauen, auch der Mord an den eigenen Leuten. Daher war der Verdacht gar nicht so abwegig. Die Röhm-Episode war den Deutschen noch sehr gegenwärtig, und auch der Reichstagsbrand war ja allgemein für eine Inszenierung der Nazis gehalten worden. Diesmal hatten die Menschen jedoch erwiesenermaßen unrecht: Verantwortlich für das Attentat war niemand anders als der erwähnte Uhrmacher Elser, der schon kurz nach der Explosion verhaftet wurde. Allein Hitlers spontane Entscheidung, die Veranstaltung früher als geplant zu verlassen, hatte einen Erfolg Elsers vereitelt.

Der einsame Attentäter des Jahres 1939, der jämmerlich im KZ sterben musste, hatte deutlicher als die meisten seiner Zeitgenossen erkannt, welch verhängnisvollen Weg Hitler einschlagen würde. Im überschäumenden Rausch der ersten Kriegsjahre blieben dann auch weitere Versuche, die Diktatur gewaltsam zu beenden, aus. Dunkle Vorahnungen bekamen die Menschen erst, als Hitler 1941 die Sowjetunion überfiel. Selbst Rudolf Heß, der Stellvertreter des »Führers«, wollte aus verworrenen Motiven den Zweifrontenkrieg abwenden. Noch kurz vor Beginn des Wahnsinnsunternehmens »Fall Barbarossa« versuchte er eigenmächtig, mit den Engländern einen Separatfrieden auszuhandeln. Legendär wurde Heß' Englandflug am 10. Mai 1941, der zu nichts führte, außer zu seiner sofortigen Verhaftung. Es war die Tat eines Verblendeten, eines Mannes, der im Laufe der Zeit jede Bodenhaftung verloren hatte. Als Hitler von der Aktion seines Stellvertreters erfuhr, erklärte er den wunderlichen Eigenbrödler für verrückt. Intern gab er den Befehl, den abtrünnigen Reichsminister bei seiner eventuellen Rückkehr sofort zu erschießen.[55] Das Volk quittierte die Geschichte vom verrückten Heß auf seine Weise. Man erzählte sich, Churchill habe Heß mit folgenden Worten begrüßte: »Also Sie sind der Verrückte!«, worauf der Deutsche ganz bescheiden geantwortet habe: »Nein, ich bin nur der Stellvertreter!« Freilich hatte Heß den englischen Premierminister nie zu Gesicht bekommen. Andere Scherzbolde dichteten das Volkslied »Es ist ein Ros entsprungen« um, und machten daraus:

Es ist ein Heß entsprungen, aus einer Messerschmitt. Das ist ihm wohl gelungen. Er machte nicht mehr mit.

Auch aus anderen Spontanwitzen spricht der Wunsch, nicht mehr beim Naziabenteuer mitmachen zu müssen. Man kannte das Stoßgebet: »Lieber Gott, mach mich verrückt, dass mir ein Flug nach Schottland glückt.« Zugleich beschäftigte man sich gern mit der schwelenden Wunde, der Uneinnehmbarkeit Englands. Heß sei – so lautete ein vergiftetes Kompliment – der Einzige gewesen, dem je die Invasion der Insel gelang.

---

55 Vgl. SHIRER, S. 1099

Ein Wahnsinniger in einer Zeit kollektiven Wahnsinns, ein Verrückter, der als Einziger klar im Kopf ist – schier endlos wurden die Heß-Witze variiert. Sonst war der eher blasse Hitler-Stellvertreter kaum aufgefallen, nun stand er im grellen Scheinwerferlicht. Statt des erhofften Friedensvertrags lieferte er die beste Witzsteilvorlage des Krieges. Besonders makaber war der KZ-Witz, den sich unbekannte Witzbolde einfielen ließen:

> Im KZ treffen sich zwei alte Bekannte. »Warum bist du denn hier?« – »Ich habe am 5. Mai gesagt, Heß ist verrückt. Und du?« – »Ich habe am 15. Mai gesagt, Heß ist nicht verrückt.« (Heß war am 10.5. nach England geflogen.)

Die Willkür des Staates war also auch im Jahr 1941 ein brisantes Thema, doch aufgemuckt gegen den sich krakenhaft ausbreitenden SS-Staat wurde nicht – aus Angst, aus Gleichgültigkeit oder aus nationalsozialistischer Überzeugung. Die Zeichen standen auf Sturm, das Reich sollte bald seinen Zenit überschritten haben. Nach dem Angriff auf den Erzfeind im Osten, der inzwischen ein Verbündeter geworden war, hatte sich Deutschland endgültig überstreckt. An der Sowjetunion würde sich Hitler die Zähne ausbeißen, zu unermesslich war der Raum dieses riesigen Landes und zu groß seine militärischen Ressourcen. Wieder begann der Feldzug mit ungestümer Expansion, die aber im Laufe der Monate verharschte und dann gänzlich zum Stillstand kam. Was nun folgte, war die finsterste Zeit des Dritten Reiches, eine Phase, in der es verbissen kämpfte und sich in einer Weise nach außen und innen radikalisierte, die in der Geschichte ohne Beispiel war.

Humor im Propagandakrieg

Schon lange vor Beginn der »Endlösung« war ins Ausland die Kunde vorgedrungen, dass die Juden in Deutschland unbarmherzig diskriminiert und verfolgt wurden. Man hat sich mit den Pogromen in den Filmen der Vorkriegszeit jedoch nicht auseinandergesetzt. Die politische Lage war aus Sicht der Appeasement-Politiker viel zu sensibel, um Deutschland öffentlich an den Pranger zu stellen. An der Propagandafront blieb daher, Deutschland ausgenommen, bis Ende der 30er-Jahre alles ruhig. Ohnehin hatte der mächtigste Stimmungsmacher der Welt, die Filmindustrie in Hollywood, kein Interesse an scharfen Anti-Nazi-Filmen. Der Grund dafür hatte aber weniger mit den politischen Überzeugungen der Produzenten als mit handfesten ökonomischen Überlegungen zu tun. Auch wenn niemand dies offen zugeben wollte: Der amerikanische Film war auf den europäischen Markt angewiesen. Doch in einem Klima des Terrors und der Kriegsangst wollte niemand in Europa »Problemfilme« sehen. Die Menschen sehnten sich nach Ablenkung, und Hollywood bot ihnen maßgeschneiderten Eskapismus, leichte Unterhaltung in jeder Form. Die Amerikaner selbst hielten peinlich Distanz zu dem aufgewühlten, sich selbst zerfleischenden Old Europe. Unter kalifornischer Sonne schien die alte Welt mit ihren Sorgen und Nöten weit weg. Gerade einmal 5 % der US-Bevölkerung konnte sich 1936 vorstellen, jemals gegen Deutschland Krieg zu führen. Statt den deutschen Panzerimperialismus und Rassenwahn anzuklagen, ließ Hollywoood seine Stars das Tanzbein schwingen. Erst bei Ausbruch des Zweiten Weltkriegs fingen die Studios an, mit großen Filmen gegen das

Dritte Reich mobil zu machen. Wieder spielten wirtschaftliche Gründe eine nicht zu unterschätzende Rolle, denn seit dem Überfall auf Polen hatte der europäische Absatzmarkt massiv an Gewicht verloren, ja, manche Filme ließen sich überhaupt nicht mehr auf dem von Krieg heimgesuchten Kontinent verkaufen. Stattdessen stand amerikanischer Patriotismus hoch im Kurs, und auch zum letzten Studioboss schien vorgedrungen zu sein, dass sich ein Kriegseintritt der USA nicht unbedingt würde vermeiden lassen.[56]

Die Entstehung von Chaplins »Der große Diktator«

Viel früher als seine Kollegen in der amerikanischen Filmbranche hatte ein Mann, der als Komiker Weltruhm genoss, die Brisanz der deutschen Bedrohung erkannt. Charles Chaplin war bereits im Ersten Weltkrieg auf den Kriegspfad gegangen; mit seinem Film *Shoulder Arms* hatte er gegen das militaristische Kaiserreich Front gemacht. Niemand wusste mit solcher Perfektion die Waffe Humor zu führen wie er. Er war dazu prädestiniert, der von Pathos aufgeblähten Bilderwelt der Nazis eine filmische Antwort entgegenzusetzen. Mit Hitler verbanden ihn merkwürdige Parallelen. Abgesehen von der äußerlichen Ähnlichkeit durch das Bürstenbärtchen waren beide fast auf den Tag genau gleich alt. Doch merkwürdigerweise war die naheliegende Idee, in die Rolle des psychopathischen Diktators zu schlüpfen, nicht Chaplins eigene Idee, sondern die des Regisseurs und

---

56 Vgl. FYNE, S. 18

Produzenten Alexander Korda. Chaplin beschrieb seine Reaktion auf Kordas Vorschlag so:

> *Und nun braute sich ein neuer Krieg zusammen, während ich versuchte, mit Paulette [Goddard] eine Story zu schreiben. Aber ich kam nicht weiter damit. Wie konnte ich meine Gedanken auf weibliche Launen konzentrieren oder an romantische Dinge wie Liebesprobleme denken, während der Bodensatz des Wahnsinns von der grauenerregenden, grotesken Gestalt eines Adolf Hitler aufgerührt wurde? Alexander Korda hatte mir 1937 vorgeschlagen, einen Hitler-Film zu machen, dessen Story sich um eine Personenverwechslung drehen solle, da Hitler denselben Schnurrbart habe wie der Tramp. Er meinte, ich könne beide Personen darstellen. Damals hielt ich nicht viel von dieser Idee, doch jetzt war sie aktuell, und ich brannte darauf, wieder an die Arbeit zu gehen. Ganz plötzlich wurde es mir klar. Natürlich! Als Hitler konnte ich die Massen großtuerisch in ihrem Jargon bearbeiten und so viel sprechen, wie ich wollte. Als Tramp konnte ich dann mehr oder minder still bleiben. In einem Hitler-Film konnte ich Burleske und Pantomime miteinander verbinden. So eilte ich begeistert nach Hollywood zurück und setzte mich daran, das Drehbuch zu schreiben. Ich brauchte zwei Jahre, um die Story zu entwickeln.*[57]

Chaplins Ehrgeiz wurde auch dadurch angestachelt, dass die Deutschen in ihren Propagandaheftchen wiederholt Angriffe gegen ihn ritten. Mal wurde er als »jüdisches Stehaufmännchen« bezeichnet, mal nannte Goebbels' Presse seine Filme »ekelhaft«. Nun brannte Chaplin darauf, den Nazis

---

57 Zit. n. SCHNELLE, S. 92

eine Retourkutsche zu verpassen. Am Tag, als England dem Deutschen Reich den Krieg erklärte, war dann das endgültige Drehbuch des Films *Der große Diktator* fertig. Wenig später begannen die Dreharbeiten an dem Projekt, in das Chaplin bereits in der Vorphase 500.000 Dollar investiert hatte. Die Story war einfach, aber clever. Chaplin spielte eine Doppelrolle: Als jüdischer Friseur verliert er im Ersten Weltkrieg sein Gedächtnis. Als die Ärzte ihn nach vielen Jahren aus ihrer Obhut entlassen, hat sich »Tomanien« (=Deutschland) verändert. Doch von der Machtübernahme der Nazis und den Pogromen hat der Friseur nichts mitbekommen, was zu allerlei skurrilen Situationen führt. Parallel zur Handlung im jüdischen Getto springt der Film in den Regierungspalast des größenwahnsinnigen Diktators Hynkel, der ebenfalls von Chaplin dargestellt wird. Hynkel hält bizarre Massenansprachen in einem pseudo-deutschen Kauderwelsch, kommandiert seine Schergen Hering (= Göring) und Garbage (= Goebbels) herum, und liefert sich bizarre Konkurrenzkämpfe mit einem italienischen »Duce«. Da der jüdische Friseur dem Diktator wie aus dem Gesicht geschnitten ist, wird der Film zum Schluss zur Verwechselungskomödie. Der Friseur schlüpft in die Rolle Hynkels, lässt den Tyrannen ins KZ verbannen und hält eine große Friedensrede, in der er der menschenfeindlichen, rassistischen Politik seines Doppelgängers eine fulminante Absage erteilt. Eine Szene aus der ersten Drehbuchfassung, in der Diktator Hynkels jüdische Frau zu sehen ist, die sich zur germanischen Maid umoperieren lässt, wurde allerdings als zu drastisch verworfen.

Chaplin stürzte sich mit voller Hingabe in die Dreharbeiten. Wochenlang hatte er vorher deutsches Wochenschaumaterial studiert und jedes noch so kleine Detail wie ein Schwamm aufgesogen. Um die Doppelrolle glaubhafter darstellen zu können, drehte er die Szenen mit Hynkel und jene mit dem Friseur zeitlich getrennt. Zuerst kamen die Gettoszenen an die Reihe, ab Dezember 1939 die Sequenzen im Palast des Diktators. Im März 1940 konnte er den Studiobossen schließlich Vollzug melden. Doch inzwischen hatte sich ein Sturm zusammengebraut. Schon während der Dreharbeiten hatte es besorgniserregende Signale vom amerikanischen Außenministerium gegeben. Auch die Engländer fragten an, ob eine Anti-Hitler-Komödie denn vertretbar sei. Hitler als Hampelmann, das passte nicht ins politische Konzept. Mit einem Mal schien fraglich, ob der Film die strenge Zensur passieren würde. Chaplin hatte allen Grund zur Besorgnis. Doch plötzlich gab es eine dramatische Wendung, durch die die Karten vollkommen neu gemischt wurden:

Noch bevor ich Der große Diktator *fertiggestellt hatte, erklärte England den Nazis den Krieg. Ich war zum Wochenende in Catalania auf meiner Jacht und hörte die erschütternde Nachricht durch das Radio. Zu Beginn war es an allen Fronten ruhig.* »Die Deutschen werden die Maginot-Linie nie durchbrechen«, *sagten wir. Dann begann urplötzlich das Inferno: Der Zusammenbruch der Maginot-Linie, die gewichtige und grässliche Tatsache von Dünkirchen – und Frankreich wurde besetzt. Die Nachrichten wurden immer düsterer. England kämpfte mit dem Rücken zur Wand. [...] Jetzt wurde ich mit Telegrammen aus New York überschüttet:* »Beeilen Sie sich mit dem Film, alles wartet darauf.«[58]

---

58 Zit. n. SCHNELLE, S. 95

Nun begann die aufgeschreckte deutsche Regierung mit einem regelrechten Diplomatiesperrfeuer, um Chaplins Projekt in letzter Minute zu stoppen. Trotz der vielen Deutschlandsympathisanten in Amerika gelang es den Nazis aber nicht, den internationalen Vertrieb des Films zu verhindern. Mit dem Ärger war es für Chaplin aber noch lange nicht vorbei. Vor der Premiere des Films kamen Drohbriefe. Darin wurde angekündigt, während der Aufführungen des Films werde man Stinkbomben werfen oder sogar auf die Leinwand schießen. Chaplin ließ sich abermals nicht beirren. Der Film wurde ein großer Publikumserfolg und spielte mehr ein als alle anderen Chaplin-Filme. Nur die Presse reagierte mit sehr gemischten Kritiken. In manchen Feuilletons wurde dem Komiker vorgeworfen, mit den Kommunisten zu paktieren. Besonders die sentimentale Ansprache des jüdischen Friseurs am Ende des Films missfiel manchen Kritikern. In der Tat wird der naive Pazifismus der Schlussrede Chaplin dazu bewogen haben, sich nach dem Krieg behutsam von seinem Werk zu distanzieren. Hätte er von Auschwitz gewusst, so wäre *Der große Diktator* nie entstanden, beteuerte er.

Der Streit um Ernst Lubitschs »Sein oder Nichtsein«

Dem Regisseur der zweiten wichtigen Anti-Nazi-Komödie der Kriegsjahre waren keine Lorbeeren vergönnt. Im Gegenteil: *Sein oder Nichtsein,* der heute zu Recht als großer Klassiker gilt, brachte Ernst Lubitsch in ernsthafte Schwierigkeiten. Schuld an der Misere, dem Misserfolg beim Publikum und den verheerenden Kritiken war vor allem das schlechte Timing des Projekts. Chaplins *Der große Diktator* war 1940 in die Kinos gekommen, lange bevor die Amerikaner in den Krieg eintraten. Noch konnte man in den USA. spielerisch mit den schrecklichen Ereignissen in Europa umgehen, noch schien der Konflikt fern. Ein Jahr später, als Lubitsch mit den Dreharbeiten zu seinem Meisterwerk begann, hatte sich die Situation vollkommen verändert. Die Nation unterm Sternenbanner zog gegen Nazideutschland zu Felde. Den Menschen war nicht mehr zum Spaßen zumute angesichts des vielen Bluts, das fließen würde, um Europa vom braunen Terror zu befreien. Nichts schien in diesem Augenblick weniger angebracht, als einen lustigen Film über die Nazis herauszubringen.

Lustig war *Sein oder Nichtsein* in der Tat, auch wenn sich dies die amerikanischen Feuilletonisten der Kriegsjahre nicht eingestehen wollten. Die Story des politisch unkorrekten Streifens war verwickelt und durch und durch genial: Ein junger polnischer Fliegerleutnant, Stanislav Sobinski (Robert Stack), liebt die Theaterschauspielerin Maria Tura (Carole Lombard). Immer wenn ihr Gatte auf der Bühne den berühmten Hamlet-Monolog »Sein oder Nichtsein« spricht, verlässt Sobinski, der im Publikum nur auf dieses Stichwort gewartet hat, den Zuschauersaal und trifft sich hinter der Bühne mit der schönen Mimin. Doch in dem verhängnisvollen Augenblick, als die geheimen Schäferstündchen auffliegen, beginnt der Zweite Weltkrieg. Sobinski verabschiedet sich von der Geliebten und zieht in den Krieg. Als sich abzeichnet, dass Polen dem übermächtigen deutschen Aggressor nicht gewachsen ist, geht er nach London, von wo

aus er mit anderen geflüchteten Luftwaffenpiloten gefähr-
liche Fliegermissionen unternimmt. Doch in die polnische
Exileinheit hat sich ein deutscher Gestapospion eingeschli-
chen, der sich Professor Siletzsky nennt. Durch einen simp-
len Trick kommt der falsche Professor an eine Adressliste
des kompletten polnischen Widerstands. Unglücklicher-
weise steht auch Maria Tura auf der Liste, denn Sobinski
hatte Professor Siletzsky gebeten, der Angebeteten den Lie-
besgruß »Sein oder Nichtsein« zu übermitteln, der für eine
verschlüsselte Nachricht gehalten wird. Im letzten Mo-
ment entdeckt der fesche Flieger den wahren Charakter
Siletzskys, doch zu diesem Zeitpunkt ist der falsche Professor bereits auf dem Weg nach Polen, um die Liste dem
berüchtigten SS-Mann Ehrhardt zu übergeben. Sobinski
will die Katastrophe aufhalten und springt kurz entschlossen per Fallschirm über dem besetzten Warschau ab. Dort
nimmt er mit Maria Tura Kontakt auf. Die Theatertruppe ist
durch die schlechte Nachricht furchtbar aufgescheucht und
ratlos. Wie um alles in der Welt sollen sie verhindern, dass
Siletzsky die Liste mit Maria Turas Namen an den Statthal-
ter der SS übergibt? In ihrer Not ersinnen Sobinski und die
Tura einen wagemutigen Plan. In Windeseile wird das Theater in ein falsches Nazihauptquartier umgebaut. Professor
Siletzsky soll bei seiner Ankunft in Warschau in eine Falle
gelockt werden. Die Schauspieler verkleiden sich als Nazis,
Joseph Tura übernimmt die Rolle des SS-Gruppenführers
Ehrhardt. Tatsächlich gelingt die List, doch während des Ge-
sprächs zwischen dem als SS-Offizier maskierten Tura und
dem Verräter Siletzsky stellt sich heraus, dass eine Kopie der
Liste mit den Namen der polnischen Widerstandskämpfer
in Siletzskys Hotel verblieben ist. Was folgt, ist eine Serie

von aberwitzigen Verwicklungen, während der Tura unter anderem in die Rolle des Gestapoagenten Siletzsky schlüpfen muss. Als die Situation in Warschau zu brenzlig wird, verkleiden die Turas einen Schauspieler als Hitler und fliehen mit der ganzen Theatertruppe im Privatflugzeug des »Führers« aus Polen …

Lubitsch inszenierte den Film mit leichter Hand; selbst die kühnsten Volten gelangen ihm ohne Mühe. Den Schauspielern, allen voran Jack Benny, der den eitlen Joseph Tura spielte, war die Freude an der wilden Story deutlich anzumerken. Doch bereits während der ersten Testvorführungen im Frühjahr 1942 begann sich die katastrophale Aufnahme des Films abzuzeichnen. Das ausgesuchte Publikum reagierte mit eisigem Schweigen auf die cleveren Pointen. An einer Stelle im Film fiel folgender Satz: »Was der [Tura] mit Shakespeare macht, das machen wir jetzt mit Polen …« Manch zartbesaitetem Zuschauer platzte bei diesem schnodderigen Gag der Kragen. In der Tat wurde der Satz in den Rezensionen immer und immer wieder zitiert – und zwar als Paradebeispiel dafür, wie geschmacklos der Film geraten sei. Bei den Vorführungen verließen die Zuschauer reihenweise den Saal. Wogen der Empörung ergossen sich über Lubitsch; ihm wurde vorgeworfen, er mache sich über das Leid der Polen lustig. Eine Kritik, die typisch ist für die zwischen Unverständnis und krasser Ablehnung schwankenden Reaktionen, fasste es in folgende Worte:

Wenn ich ehrlich bin, verstehe ich nicht ansatzweise, was an dieser Art von Humor – man kann es von mir aus auch Satire nennen – lustig sein soll. Frei Erfundenes und Reales sind ohne

Sinn und Zweck aneinandergereiht. Wo aber ist die Schnitt-
menge von dieser hoffnungslos artifiziellen Story mit dem
furchtbaren Leid einer ganzen Nation, einer der größten Tra-
gödien unserer Zeit? Was bitte soll daran lustig sein, dass ein
deutscher Offizier folgenden Satz über Herrn Bennys Schau-
spielkunst loslässt: »Was der mit Shakespeare macht, das machen wir jetzt mit Polen«? Selbst wenn man die furchtbare Tragödie ausblendet, bleibt es doch trotzdem geschmacklos, sich
über die Abschlachtung eines ganzen Volks lustig zu machen!
Ich wundere mich darüber, dass der Film so gefühllos geraten
ist. Es drängt sich die Frage auf, ob es Lubitschs Ziel war, Lacher um jeden Preis zu erzeugen. Und das führt natürlich zurück zu der ursprünglichen Frage: was für ein Konzept steckt
hinter einem solchen Film, der aus reiner Effekthascherei mit
einer großen menschlichen Tragödie spielt? Was hat den Regisseur nur geritten, als er sich entschloss, tatsächliche Ereignisse
in eine vollkommen künstliche Story einzuarbeiten? Wenn er
ohnehin einen so unglaubwürdigen Film machen wollte, warum in Gottes Namen hat er sich dann nicht auf das rein Fik-
tionale beschränkt? Die Antwort, die sich angesichts des Films
aufdrängt, ist einfach. Hollywood gaukelt sich selber vor, dass
die Realität nichts anderes ist, als eine Form der Fiktion. Inzwischen sind die Menschen dort schon so realitätsfern geworden, dass sie selbst die Nachrichten des Tages gedankenlos vor
ihren Karren spannen. Ob Polen, Frankreich, England – all
dies sind aus ihrer Sicht nur Schauplätze für ihre öden Storys.
Ganze Zivilisationen mögen untergehen – solange es für die
Filmhelden ein Happy End gibt, ist es ihnen einerlei.[59]

---

59 MILLS, S. 186 (Übers. d. Autors)

Drastischer noch formulierte der *Philadelphia Inquirer*. Der ätzenden Kritik war ein schaler, antisemitischer Geschmack beigemischt. Lubitsch sei ein abgestumpfter jüdischer Regisseur, so wollte es jedenfalls die Rezensentin.[60] Bis zum heutigen Tage behält *Sein oder Nichtsein* im amerikanischen Bewusstsein den Makel, in der Handlung die Grenze zum Geschmacklosen überschritten zu haben. Die Filmhistoriker der Gegenwart mögen milder über Lubitschs bravouröse Komödie urteilen, doch fehlt selten der mit erhobenem Zeigefinger vorgetragene Vorwurf, manche Sequenzen seien angesichts des Völkermords im Osten unpassend gewesen.[61]

Lubitsch selbst war über die harschen Kommentare seiner Zeitgenossen entsetzt. Auf die Forderung, wenigstens den anstößigen Shakespeare/Polen-Satz aus dem Film herauszuschneiden, ging er nicht ein. Er tat das einzig Richtige und verteidigte sein Werk offensiv in der amerikanischen und der englischen Presse. Auf die Anfeindungen des *Philadelphia Inquirer* reagierte er erst zwei Jahre später, dafür aber mit einem langen, gut durchdachten offenen Brief:

> *Ich schreibe Ihnen nicht, um Sie zu bewegen, Ihre Kritik noch einmal zu überdenken – nichts liegt mir ferner. Ich schreibe diesen Brief lediglich, um Sie darauf hinzuweisen, dass Sie in Ihrer Kritik mehrfach Zuflucht zu dem genommen haben, was man in Sportlerkreisen als »Foul« bezeichnet. Diese Absicht wird sehr deutlich, wenn Sie über* Sein oder Nichtsein *die Auf-*

---

60 Vgl. SPAICH, S. 358

61 Vgl. FYNE, S. 75: In diesem Buch aus dem Jahr 1994 wird die Schlusssequenz von *Sein oder Nichtsein* als »geschmacklos« bezeichnet.

merksamkeit auf meinen »kaltschnäuzigen und geschmacklosen Versuch, an der Bombardierung von Warschau Vergnügen zu empfinden« lenken. Ihnen als einer erfahrenen Journalistin ist sicherlich die Wirkung bekannt, die eine solche Behauptung auf die Leserschaft haben muss, ganz besonders in einer Zeit wie der jetzigen. Derartige Propaganda ist nicht gerade wohlwollend; wenn sie jedoch auf falschen Tatsachen beruht, weckt sie Empörung. Ihre Behauptung, dass ich »Vergnügen an der Bombardierung Warschaus empfinde«, ist völlig unwahr. Wenn ich in Sein oder Nichtsein auf die Zerstörung von Warschau Bezug genommen habe, dann geschah dies in aller Ernsthaftigkeit; die Anmerkungen unter den Aufnahmen des verwüsteten Warschau sprechen für sich selbst und können beim Betrachter keinen Zweifel über meine Absicht und meine Haltung gegenüber diesem Akt des Grauens aufkommen lassen. Was ich in diesem Film gegeißelt habe, das sind die Nazis und ihre lächerliche Ideologie. Ich habe auch die Haltung von Schauspielern gegeißelt, die immer Schauspieler bleiben, wie gefährlich die Situation auch sein mag, wobei es sich meiner Ansicht nach um eine wahrheitsgemäße Beobachtung handelt. Niemals habe ich mich in meinem Film abfällig über Polen oder die Polen geäußert. Ich habe sie vielmehr als ein tapferes Volk porträtiert, das sich in seinem Elend nicht in den Armen anderer ausweint, sondern auch in den dunkelsten Stunden den Mut und den Scharfsinn und auch den Sinn für Humor nicht verloren hat. Man mag darüber diskutieren, ob man die Tragödie von Polen realistisch dargestellt wie in Sein oder Nichtsein mit Satire verschmelzen kann. Ich glaube, dass dies möglich ist, und das glaubt auch mein Publikum, welches ich bei einer Aufführung von Sein oder Nichtsein beobachtet habe; aber darüber lässt sich streiten, und jeder hat das Recht auf einen eigenen Stand-

punkt. Mit dem »in Berlin geborenen Regisseur, der Vergnügen
an der Bombardierung von Warschau empfindet« hat das aller-
dings nichts zu tun [...].[62]

Ob Lubitschs Verteidigungsstrategie in der emotional aufgeladenen Stimmung der Kriegsjahre Wirkung zeigte, ist fraglich; zum anerkannten Klassiker wurde der Film erst lange
nach seinem Tod. Dass bei der Beurteilung des *Großen Dik-*
tators und *Sein oder Nichtsein* mit zweierlei Maß gemessen
wurde, war der Unfähigkeit der Kritiker zuzuschreiben, über
den Tellerrand des Tagesgeschehens hinauszublicken. Nazis mussten zähnefletschende Bestien sein, die Polen arme,
hilflose Opfer. Ein anderes Bild war nicht zulässig. Lubitsch
setzte sich über diese Propagandadogmen hinweg: Die Nazis waren in seinem Film groteske Spießbürger, die Polen cle-
vere Davids, die dem Goliath Hitler mit immer neuen Tricks
eins auswischten. Obwohl die Story nach allen Regeln der
Kunst durchkonstruiert worden war, traf sie besonders in ihrer Darstellung der geistlosen, dumpfen Nazis eine Wahrheit,
die weit über den Rahmen einer Komödienhandlung hinaus-
wies. Nicht zu Unrecht hat Lubitschs Biograf, Herbert Spaich,
darauf hingewiesen, dass Lubitsch früher als seine Zeitgenossen die »Banalität des Bösen« erkannt hatte. Hitler und seine
Schergen, das waren keine Dämonen, sondern obrigkeits-
gläubige, zu Mördern mutierte Kleinbürger. Für das Amerika
des Jahres 1942 war Lubitschs Auffassung, die sich in den KZ-
Prozessen der Nachkriegszeit bestätigen sollte, schlichtweg
inakzeptabel.[63]

---

62 Vgl. SPAICH, S. 358
63 Vgl. SPAICH, S. 361

Satire zu Propagandazwecken –
Die Rundfunksendungen der BBC

Wenn es darum ging, die Nazis lächerlich zu machen, waren die von den Alliierten produzierten Rundfunksendungen wenig zimperlich. Seit 1938 sendete die BBC auch in deutscher Sprache. Das Programm wurde fast ausschließlich von deutschen und österreichischen Emigranten gestaltet. Nach Schätzungen hörten gegen Ende des Krieges zwischen 10 und 14 Millionen Deutsche ausländische Sender. Freilich war dies bei Strafe verboten, was aber niemanden so recht zu schrecken schien. Die Idee, neben Nachrichtensendungen und der ungeheuer beliebten (aber im Nazireich verbotenen) Swingmusik auch scharfe Satire zu senden, war gewagt. Doch die Macher des deutschen Dienstes der BBC ließen sich von ihrem Frontmann Robert Lucas zu einem ersten Versuch überreden. Ethische Bedenken und Berührungsängste hatte man dabei keine. Im Dezember 1940 ging die erste Juxsendung über den Äther. Die Hauptfigur der munteren Anti-Nazi-Satire war ein fiktiver Landser namens Adolf Hirnschal. Von der Front wusste er seinem »vielgeliebten Weib« allerhand burleske Abenteuer zu berichten. Mal war Hirnschals Einheit eingekesselt, mal stürmte er gegen die Russen. All den Wahnsinn des Krieges und der nationalsozialistischen Ideologie erlebte er aus der Froschperspektive. Zu jedem Einsatz fürs Vaterland hatte er eine schwejksche Weisheit beizusteuern. Die oppositionell gesinnten Deutschen, die trotz des Verbotes BBC lauschten, freuten sich über die Äther-Flaschenpost aus England. So wurden die Sendungen mit dem fiktiven Landser, der redete, wie ihm der Schnabel gewachsen war, ein riesiger Erfolg.

Bis zum Kriegsende durfte Hirnschal feixend und munter brabbelnd durchs brennende Europa ziehen. Die BBC-Macher ließen sich gerne von aktuellen Ereignissen zu neuen Glossen inspirieren. Am Tag nach dem gescheiterten Attentat auf Hitler in der »Wolfsschanze« ging Hirnschal mit einem ganz besonders lakonischen Feldpostbrief auf Sendung:

21. Juli 1944
Teure Amalia, vielgeliebtes Weib!

Du kannst Dir die Aufregung nicht vorstellen, die wo es jetzt bei uns gibt wegen dem Anschlag auf unseren geliebten Führer, und der Hans-Joachim Blitz meint, man sollte es nicht glauben, wie plötzlich uns so ein Schicksalsschlag treffen kann, und wenn der Attentäter seine Aktenmappe nur einen Schritt weiter rechts oder einen Schritt weiter links niedergestellt hätte, dann hätten wir vielleicht heute schon den schönsten Frieden, aber zum Glück hat die Vorsehung diese Katastrophe verhindert. Und gerade wie er das sagt, kommt der Oberleutnant Hanke und hält eine kurze Ansprache, wo er erklärt, es ist ein großes Wunder geschehen, und das ist ein Beweis, dass die Vorsehung auf unserer Seite ist, und das ganze deutsche Volk steht geschlossen hinter unserem geliebten Führer, und wir werden siegen mit Hilfe des Führers, der Vorsehung und der neuen V-Waffen. [...] Da gibt es Fliegeralarm und gleich darauf krachen die Bomben nieder und eine ist ein Volltreffer, und wie wir nach den Toten und Verwundeten suchen, da finden wir, es hat auch den armen Hans-Joachim Blitz erwischt und es ist aus mit ihm. Und wie der Jaschke und ich vor ihm stehen, da sage ich: »Er hat gehinkt, aber er war ein gerader Kerl, Emil.« Und

der Jaschke hat einen Gesichtsausdruck, wie ich ihn noch nicht gesehen habe, und seine Stimme ist ganz heiser wie er sagt: »Ja, heute ist's er. Und morgen bin vielleicht ich es. Und übermorgen du, Hirnschal.« Und ich sage: »Ja, Emil, so ist's. Viele Zehntausende, die wo heute noch am Leben sind, werden elend krepieren, so wie der Hans-Joachim Blitz. Und viele Städte, die wo heute noch stolz und schön sind, werden in Schutt und Asche gelegt werden. Und viele Frauen und Kinder werden verhungern und an Seuchen sterben. Und das alles nur, weil eine Aktenmappe nicht einen Schritt weiter rechts oder einen Schritt weiter links gestanden ist. Wenn das die Vorsehung so gewollt hat …«
Und in diesem Sinne, mein vielgeliebtes Weib, grüßt und küsst Dich

Dein Dich liebender Adolf
Gefreiter im Westen[64]

Der Lacherfolg der Hirnschal-Comedy inspirierte die BBC zu weiteren satirischen Sendungen. Als Erster legte der Autor Bruno Adler nach und erfand ein charmantes Gegenstück zu dem tumben Gefreiten: Seine »Frau Wernicke«, eine resolute Berlinerin, schnodderte frei Schnauze gegen den braunen Zwangsstaat an. Ganz nebenbei machte die Dame nett Schleichwerbung für die deutschsprachigen Nachrichten der BBC. Wie viele Deutsche einschalteten, wenn Robert Lucas' Lachkohorten in den Propagandakrieg zogen, ließ sich freilich nur erahnen.

---

64 LUCAS, S. 157 ff.

1940 setzte der österreichische Schauspieler Johann Müller, der sich im Exil Martin Miller nannte, dem Satireprogramm der BBC ein ganz besonderes Sahnehäubchen auf.
Im Rundfunk hielt er als falscher Hitler bizarre Ansprachen.
So perfekt konnte er des »Führers« Stimme parodieren, dass
einmal sogar die CIA beim englischen Geheimdienst MI6
angefragt haben soll, was es denn mit den neuen Verlautbarungen Hitlers auf sich habe. Wie sich nach dem Krieg
herausstellte, hatte der falsche »Führer« in Deutschland eine
regelrechte Kultgemeinde. Der Berliner Zeitzeuge Manfred
Omankowsky berichtet, sein Vater, ein Sozialdemokrat,
habe die Hitler-Reden Millers sorgfältig mitgeschrieben
und dann heimlich in einer Kellerdruckerei vervielfältigen
lassen. Sein Sohn wurde dann beauftragt, die satirischen
Flugblätter an Gesinnungsgenossen zu verteilen. Der junge
Manfred versteckte die falschen Hitler-Reden im doppelten
Boden eines Goldfischglases. Unter dem Vorwand, mit anderen Aquarianern Fische tauschen zu wollen, ging er dann
zu den Freunden des Vaters und drückte ihnen die frisch
gedruckten Witzseiten in die Hand. Freilich, eingefleischte
Nazis werden durch Millers Ansprachen nicht von der Lächerlichkeit ihrer Ideologie überzeugt worden sein. Doch
oppositionell gesinnte Deutsche schöpften durch das BBC-
Kabarett neuen Mut. Sie bekamen, wie es Manfred Omankowsky ausdrückt, das Gefühl, mit ihrer Anschauung nicht
allein zu sein. Miller wusste, wie er seine Klientel aufmuntern konnte. In jede offene Wunde des »Führers« legte er
seine Finger. Da war beispielsweise Hitlers Versprechen, bis
Ende des Jahres 1941 den »Endsieg« herbeizuführen. Miller ließ sich dadurch zu einem ganz besonderen Jahresrückblick inspirieren. Sein Imitat-»Führer« verkündete im

deutschen Dienst der BBC zu Silvester im unverkennbaren Schnarreton:

Meine heutige Botschaft fällt zusammen mit dem Ablauf eines Jahres, für das ich Ihnen den Endsieg garantiert habe. Aber dieses Jahr ist nur im Kalender abgelaufen, in jenem gregorianischen Kalender, den ein vom internationalen Judentum und von den Freimaurern bestochener römischer Papst namens Gregor der germanischen Welt aufgedrängt hat. Wollen wir Nationalsozialisten, die wir der Welt eine neue Ordnung geschenkt haben, uns von fremdstämmigen Dunkelmännern vorschreiben lassen, wann ein Jahr beginnt und aufhört? Nein, meine Volksgenossen, wann das deutsche Jahr anbricht und zu Ende geht, darüber habe ich ganz allein zu entscheiden.[65]

BBC-Sendungen wie diese waren Sternstunden der Anti-Nazi-Satire. Für die Nazis waren sie freilich eine unerhörte Provokation. Mit der Waffe des Humors kannten sich die Braunen allerdings nicht aus; sie wussten den Lachattacken wenig entgegenzusetzen. Dabei hatte es lange so ausgesehen, also ob die Deutschen an der Propagandafront die Nase vorn behalten würden. In den Anfangsjahren des Krieges hatte das englischsprachige Programm des deutschen Rundfunks in England zeitweilig fast so viele Hörer wie die BBC. »Germany Calling«, mit diesem Satz begannen die berüchtigten Radiosendungen, allerdings hörte sich dieser Spruch aus dem Mund des Nazisprechers William Joyce eher wie ein nasales »Jermany Calling« an. Der Stimme Deutschlands wurde prompt der Spitzname »Lord

---

65 Vgl. KÜHN, S. 360

Haw-Haw« verpasst. Statt Satire bot das Naziprogramm den Engländern zynische Tipps, wie man Bombenverletzungen behandeln könne. Alles wurde von Joyce im perfekt näselnden Oxford-Englisch vorgetragen. Doch der Frontmann des englischsprachigen Programms war keineswegs ein Aristokrat, sondern ein wüster Schläger, der sich bei einer Straßenschlacht eine lange Narbe im Gesicht eingehandelt hatte. Nach dem Krieg wurde er in Hamburg gestellt, und, da er ursprünglich englischer Staatsbürger gewesen war, wegen Hochverrats hingerichtet.

»So was tut man als guter Deutscher nicht« – Die Nazisatire »Tran und Helle«

Nach den anfänglichen Erfolgen der Deutschen im Radiokrieg behielt die BBC bis zum Untergang des Nazireiches klar die Nase vorn. Goebbels und seine Handlanger gingen mit drakonischen Strafen gegen »Rundfunkverbrecher« vor. Dies war ein Zeichen der Hilflosigkeit, denn es gelang der Obrigkeit nicht einmal im Ansatz, der grassierenden Schwarzhörerei Einhalt zu gebieten, so schwer die angedrohte Strafe auch war. Wer schwarz BBC hörte, der konnte nach einem 1939 verabschiedeten Gesetz mit dem Tode bestraft werden. Das Gesetzesblatt erklärte wortreich, was denn aus nationalsozialistischer Überzeugung so schlimm war am Wellensalat des Feindes:

Im modernen Krieg kämpft der Gegner nicht nur mit militärischen Waffen, sondern auch mit Mitteln, die das Volk see-

lisch beeinflussen und zermürben sollen. *Eines dieser Mittel ist der Rundfunk. Jedes Wort, das der Gegner herübersendet, ist selbstverständlich gelogen und dazu bestimmt, dem deutschen Volke Schaden zuzufügen. Die Reichsregierung weiß, dass das deutsche Volk diese Gefahr kennt, und erwartet daher, dass jeder Deutsche aus Verantwortungsbewusstsein heraus es zur Anstandspflicht erhebt, grundsätzlich das Abhören ausländisch Sender zu unterlassen. Für diejenigen Volksgenossen, denen dieses Verantwortungsbewusstsein fehlt, hat der Ministerrat für die Reichsverteidigung die nachfolgende Verordnung erlassen. Der Ministerrat für die Reichsverteidigung verordnet für das Gebiet des Großdeutschen Reichs mit Gesetzeskraft:*

§ 1 Das absichtliche Abhören ausländischer Sender ist verboten. Zuwiderhandlungen werden mit Zuchthaus bestraft. In leichteren Fällen kann auf Gefängnis erkannt werden. Die benutzten Empfangsanlagen werden eingezogen.
§ 2 Wer Nachrichten ausländischer Sender, die geeignet sind, die Widerstandskraft des deutschen Volkes zu gefährden, vorsätzlich verbreitet, wird mit Zuchthaus, in besonders schweren Fällen mit dem Tode bestraft.[66]

Trotz des grassierenden Denunziantentums und einiger unappetitlicher Schauprozesse, bei denen Schwarzhörer zum Tode verurteilt wurden, ließen sich viele Deutsche nicht davon abhalten, weiter »Feindsender« abzuhören. Im deutschen Rundfunk herrschten Jubelnachrichten vor; selbst als die Wehrmacht immer deutlicher in die Defensive gedrängt wurde, sprachen die offiziellen Stellen beschönigend von

---

66 Reichsgesetzblatt 1, 1939

»Frontbegradigung« und »planmäßiger Absetzbewegung«. Die BBC war da, bei aller Propaganda, eine wesentlich verlässlichere Quelle. In Berlin spottete man über Goebbels' verlogene Rundfunkansprachen, sie seien »Klumpfüßchens Märchenstunde«. Auch die Redensart »Lügen haben kurze Beine« wurde während des Kriegs auf den gehbehinderten Propagandaminister bezogen. Doch selbst die Menschen, die die Nazipropaganda durchschauten, mussten eingestehen, dass die Nazis die Medien meisterhaft für ihre Zwecke zu nutzen wussten. Neben dem Rundfunk, dessen Bedeutung Hitler früh erkannt hatte, dienten vor allem die Wochenschauen ganz der nationalsozialistischen Propaganda. Goebbels' Vorliebe für die Welt des Films inspirierte ihn dazu, ein humoristisches Experiment zu wagen. In den ersten Kriegsjahren ließ der Propagandaminister vor den Wochenschauen politische Sketche aufführen. »Tran und Helle« hieß die außerordentlich populäre Comedyserie. Das Konzept war simpel: Der bräsige Glatzkopf Tran (Ludwig Schmitz) empörte sich über allerlei Missstände, er las Bücher jüdischer Autoren und kaufte Orangen auf dem Schwarzmarkt. Kurzum: Er machte alles falsch, was man als guter Volksgenosse falsch machen konnte. Der schneidige Parteimann Helle brachte den ewigen Miesmacher dann mit einigen scharfen Belehrungen wieder stramm auf Linie. Manchmal waren die »gut gemeinten« Ratschläge mit Drohungen verbunden, wie etwa beim Schwarzhörersketch:

Helle: Das ist aber nett, dass du endlich einen Radioapparat gekauft hast. Jetzt kannst du miterleben, was wir für eine interessante Zeit haben. Die großen Kundgebungen aus dem ganzen Reich kannst du mit anhören.

Tran: Vielleicht kann ich auch hin und wieder ausländische Sender hören.

Helle: Wie? Ausländische Sender willst du hören?

Tran: Ja, Auslandsnachrichten. London, zum Beispiel.

Helle: London ?

Tran: Ja, London. Kannst du mir sagen, wie man das bekommt?

Helle: Ich weiß zwar nicht, wie du London bekommst, aber was du bekommst, wenn du London bekommst, das weiß ich.

Tran: Was denn?

Helle: Kittchen, sogar Zuchthaus!

Tran: Auch wenn es keiner merkt?

Helle: Ob das einer merkt oder nicht merkt, das spielt doch gar keine Rolle. So was tut man als guter Deutscher nicht.

Tran: Aber man muss sich doch orientieren, was draußen vorgeht.

Helle: Natürlich, die ausländischen Sender, die sagen die reine Wahrheit. Hast du noch niemals von dem Nachrichtensystem unserer Feinde gehört? Dann müsstest du wissen, dass alles nur darauf abzielt, unsere Widerstandskraft zu schwächen.

So seltsam es heute klingen mag: Die Zuschauer kringelten sich bei den »Tran-und-Helle«-Sketchen vor Lachen. Dies hieß allerdings nicht, dass sie sich von den didaktischen Ausführungen Helles beeindrucken ließen. Meist war sogar das Gegenteil der Fall. Als die Spitzel des Propagandaministeriums Goebbels zutrugen, dass die Menschen die Serie so liebten, weil sie mit Tran, dem Miesmacher, sympathisierten, befahl er unverzüglich, die Nazicomedy abzusetzen. Nach diesem durch und durch kontraproduktiven Ergebnis trauten sich die Braunen nie wieder an politische Sketche heran. Auch die ähnlich konzipierte Filmreihe »Liese und Miese« wurde nach kurzer Zeit eingestampft. So bleibt nur noch anzumerken, dass Jupp Hussels, der in »Tran und Helle« den nationalsozialistischen Ideologen mimte, in einem Interview nach dem Krieg treuherzig beteuerte, er sei eigentlich ein unpolitischer Mensch. Dass die Sketche alles andere als harmlose Unterhaltung waren, habe er damals nicht geahnt.

Die Radikalisierung nach innen

Trotz aller propagandistischen Winkelzüge konnte die deutsche Führung nicht verschleiern, dass es mit dem Krieg nicht zum Besten stand. Der Vorbote der Kriegswende war die Winterkatastrophe des Jahres 1941/1942, bei der die unzureichend ausgerüstete Wehrmacht in den Weiten Sowjetrusslands empfindliche Niederlagen hinnehmen musste. Besonders die Generation, die noch aktiv am Ersten Weltkrieg teilgenommen hatte und der die Gefahren eines Zweifrontenkrieges deutlich bewusst war, beschlich der Verdacht, Hitler habe sich mit dem Angriff auf die Sowjetunion endgültig verhoben. Doch es war nicht nur das Gespenst von Verdun, das die Menschen umtrieb. Die historische Parallele zu Napoleon, der in Russland vernichtend geschlagen worden war, drängte sich vielen Deutschen auf. Dabei war das riesige, zu Eis erstarrte Sowjetreich nur einer von vielen Gegnern, mit denen die nationalsozialistischen Kriegsherren jetzt fertigwerden mussten. Auch an anderen Fronten, wie etwa in Ägypten, machte sich bemerkbar, dass sich das deutsche Heer materiell und personell hoffnungslos überstreckt hatte. Görings Luftwaffe brachte es überdies selbst unter Aufbietung aller Kräfte nicht fertig, feindliche Flieger abzuwehren. Seit 1940 wurden deutsche Städte bombardiert, und seit 1943 flogen die alliierten Bomber sogar rund um die Uhr. Göring hatte Meier heißen wollen, wenn je ein feindlicher Flieger deutsches Territorium erreichte. Nun klebte der Spitzname an ihm; zuzuschreiben hatte sich der notorisch überhebliche Göring den Meier-Spott freilich selbst.

Das blutige Fanal, die endgültige Kriegswende, kam aber mit der Kapitulation der Deutschen in Stalingrad. Mit der 6. Armee verschwand auch der Nimbus Hitlers, der »größte Feldherr aller Zeiten« (im Volksmund: »Gröfaz«) zu sein. Seinen Unfehlbarkeitsanspruch musste er nun plötzlich an der Realität messen. Er reagierte darauf mit Trotz und sinnlosen Durchhaltebefehlen. Die immer weiter auseinanderklaffende Lücke zwischen der tatsächlichen Lage und den nationalsozialistischen Wunschvorstellungen führte aber nicht nur bei Hitler zu Veränderungen; die in die Defensive gedrängte NS-Obrigkeit reagierte, indem sie unkontrolliert um sich schlug. Der »totale Krieg«, er wurde lange vor Goebbels' berüchtigter Sportpalastrede an allen Kampf-schauplätzen blutige Realität. Einen Teil der zügellosen Aggression richtete Deutschland gegen sich selbst – an der Front wurden ohne Not Zehntausende Soldaten geopfert, hinter der Front herrschte die SS. Der Radikalisierung nach außen folgte eine Radikalisierung des Dritten Reichs nach innen. Während die braune Terrorjustiz sich während der rauschhaften Siegesserie verhältnismäßig zurückgehalten hatte, hagelte es jetzt Todesurteile gegen »Wehrkraftzersetzer«. Grundlage der Prozesse und Hinrichtungen war die Kriegsstrafrechtssonderverordnung des unseligen Generals Keitel, die bewusst schwammig formuliert worden war:

> *Wegen Zersetzung der Wehrkraft wird mit dem Tode bestraft […] wer öffentlich dazu auffordert oder anreizt, die Erfüllung der Dienstpflicht in der deutschen oder einer verbündeten Wehrmacht zu verweigern, oder sonst öffentlich den Willen des deutschen oder verbündeten Volkes zur wehrhaften Selbstbehauptung zu lähmen oder zersetzen versucht.*[67]

Von diesem Freibrief für blutige Staatswillkür machte die Justiz reichlich Gebrauch. Die Richter gingen kreativ mit der Frage um, welche Äußerung denn »öffentlich« gewesen sei. Selbst kritische Bemerkungen, die im engsten Familienkreis vorgebracht wurden, stuften die Gerichte gerne als »öffentliche Wehrkraftzersetzung« ein. Sie konnten sich auf ein Heer eilfertiger Denunzianten stützen, das jedes Jahr Hunderte oppositionell gesinnter Bürger ans Messer lieferte. Mal war es – wie im Fall der Geschwister Scholl –

---

67 §5 der Kriegssonderstrafrechtsverordnung vom 17. August 1938

der Hausmeister, mal der Nachbar, der noch eine Rechnung mit dem Opfer offen hatte, manchmal waren es sogar die eigenen Kinder. Nirgends konnte man sich sicher fühlen vor den Hilfssheriffs des Regimes. Ohne die Denunzianten, die von der Obrigkeit nach Kräften ermutigt wurden, hätte der nationalsozialistische Zwangsstaat niemals Macht über seine Bürger gehabt. Die gefürchtete Gestapo war personell zu schlecht besetzt, um ein Millionen zählendes Volk unter der Fuchtel halten zu können. Statt die Schlapphüte aufzustocken, ersannen die Nazis ein perfides System, durch das die Denunziationen von ganz unten, vom einfachen »Blockwart« bis hin zur Gestapo durchgereicht werden konnten.

Witze vor Gericht –
Der Komödiant Fritz Muliar an der Front

Was mit den Menschen passierte, die wegen defätistischer Witze angezeigt wurden, darüber gibt die genannte Untersuchung Meike Wöhlerts Auskunft, der eine Analyse einschlägiger Gestapo- und SD-Akten zugrunde liegt. Meist wurden die »Täter« von der Gestapo vorgeladen und verwarnt. Weitere Konsequenzen gab es selten. Selbst in den Fällen, die doch an eines der politischen Sondergerichte verwiesen wurden, endete das Verfahren üblicherweise mit einer Verwarnung. Bei Witzen wurde außerdem in der Regel nicht nach der Kriegsstrafrechtssonderverordnung, sondern nach dem milder gefassten »Heimtückegesetz« geurteilt. Die kleine Minderheit, die aber doch in »Schutzhaft« genommen wurde, musste selten länger als fünf Monate im Gefängnis sitzen.[68] Kurzum: Im Vergleich zu ernst vorgetragenen defätistischen Äußerungen wurden politische Witze von der Obrigkeit eher als Bagatelle behandelt.

Dennoch gab es einige nicht von der Hand zu weisende Ausnahmen, bei denen Witze der Obrigkeit den willkommenen Vorwand gaben, missliebige Zeitgenossen endgültig aus dem Verkehr zu ziehen. Auf einige dieser Prozesse, die alle in die letzten Jahre des Krieges fielen, soll hier genauer eingegangen werden. Vor allem in Österreich weithin bekannt ist der Fall des Wiener Schauspielers Fritz Muliar. Der überzeugte Nazigegner war 1940 eingezogen worden und musste in Frankreich bei der Truppe dienen. Als man erfuhr, dass er beim Theater war, wurde er aufgefordert, für die Truppe einen »bunten Abend« zu gestalten. Dies war keineswegs ungewöhnlich, denn auch andere Künstler wurden zur Truppenbetreuung abkommandiert. Viele der Komiker, die nach dem Untergang des Dritten Reichs Karriere machten, traten in den Landserkabaretts auf, darunter etwa Heinz Erhardt sowie der spätere Fernsehmoderator Peter Frankenfeld. Von den Akteuren wurde unpolitischer, gefälliger Humor erwartet, der die Kämpfer vom Kriegsalltag ablenken sollte. Muliar hielt sich von Anfang an nicht an dieses ungeschriebene Gesetz, wie er in einem für dieses Buch geführten Zeitzeugengespräch erzählte. Die Witze, die er seinen Kameraden darbot, waren sehr gewagt:

Immer, wenn ich irgendwas erzählt hab, was so nicht linientreu war, war das ein großer Lacher. Und natürlich ist man immer

---

68 Vgl. WÖHLERT, S. 97

süffiger geworden [...]. Da hat mir ein, ein Hauptfeldwebel,
ein Österreicher namens Müller, der auf der Kommandantur
von Auxerre tätig war, gesagt, sei ein bisserl vorsichtig, das
kann umschlagen.

Muliar schlug den Rat aus. Auf Tournee durch das besetzte
Frankreich kam er häufig in Kontakt mit der Bevölkerung.
Groß war der Hass der Franzosen auf die Besatzer. Ihre
scherzhafte Deutung des Kürzels NSDAP: »Nous sommes
des Allemands provisoires«, wir sind provisorische Deutsche. Die Witze dieser »provisorischen Deutschen« waren
scharf, deutschfeindlich, voll ungeschminkter Verbitterung. Muliar half den Franzosen, lotste Flüchtige heimlich
über die Grenze und war auch sonst zu subversiven Aktionen bereit. Die harten Witze, die er aufgeschnappt hatte, erzählte er in der Truppe weiter, auch einem österreichischen
»Kameraden«. Der Landsmann, der ein Mittelschulprofessor
aus dem 1. Bezirk war, zeigte ihn sofort an. Wenig später, als
Muliar gerade Wachdienst bei einem absurd anmutenden
Tarnflughafen voller Flugzeugattrappen tat, wurde er verhaftet. Im Gefängnis von Auxerre erfuhr er, dass er nach Pa-
ragraf 5 der Kriegssonderstrafrechtsverordnung angeklagt
war. Der Vorwurf: Er habe die Moral der Truppe durch defätistische Äußerungen und Witze geschwächt. In der Tat
hatte der junge Soldat kein Blatt vor den Mund genommen
und jedem, der es hören wollte, in deutlichen Worten gesagt,
dass »Goebbels ein Hurenbock, Hitler ein Verbrecher und
der Krieg ohnedies verloren sei«.[69] Zwar erzählten sich die
Offiziere seiner Einheit – wie jeder wusste – untereinander

---

69 MULIAR, S. 58

scharfe Witze, doch konnten sie dies ungestraft tun. Muliar war aber schon vorher unangenehm aufgefallen. Sein Kontakt zu den Franzosen und seine Mitgliedschaft in der österreichisch-nationalen »Vaterländischen Front« hatten ihn den Nazis verdächtig gemacht. Die Witze waren nun der willkommene Vorwand, um sich des jungen Rebellen zu entledigen. Sieben Monate wurde Muliar in einer Einzelzelle weggesperrt, sieben Monate voll peinigender Ungewissheit. Der Prozess, der vor dem Feldgericht der 10. Fliegerdivision stattfand, endete aber glimpflich. Offenbar war der Richter der Meinung, Muliar habe seine Äußerungen nicht aus politischer Überzeugung, sondern aus jugendlichem Ungestüm gemacht. Für die »Wehrkraftzersetzung« wurde eine viermonatige Haftstrafe verhängt; hinzu kamen weitere vier Monate für einen Diebstahl, den er gar nicht begangen hatte. Die Erleichterung, die Muliar nun verspürte, sollte aber nur von kurzer Dauer sein. Als er wieder im Gefängnis in Auxerre war, wurde ihm mitgeteilt, dass sein Fall neu aufgerollt würde. Der Grund: Der oberste Gerichtsherr der Division, ein Generalfeldmarschall Sperrle, hatte das Urteil für zu milde befunden. Dies hieß, wie Muliar unverblümt mitgeteilt wurde, dass bei der Wiederaufnahme des Verfahrens mit einem Todesurteil zu rechnen sei. Der 22-jährige Muliar setzte sich nach dieser furchtbaren Nachricht in seiner Zelle hin und schrieb sein Testament. Neben einem herzzerreißenden Brief an seine Familie enthielt der »letzte Wille« eine Verfügung, die besagte, dass sein Freund Kurt Jelinek seine goldene Uhr und eine Wiener Bekannte sein Exemplar von Goethes »Faust« erhalten solle.[70]

---

70 Vgl. MULIAR, S. 60f.

Am 12. Dezember 1942 hatte das Warten ein Ende. Muliar wurde erneut nach Paris gebracht und einem Militärrichter vorgeführt. Doch zur großen Erleichterung des jungen Österreichers lautete das Urteil »nur« auf fünf Jahre Zuchthaus, die später in »Frontbewährung« umgewandelt wurden. Muliar wurde an den Donezbogen deportiert und musste dort Dienst in einer der berüchtigten Feldstrafgefangenenabteilungen tun, die meist nichts anderes waren als Himmelfahrtskommandos. Wie durch ein Wunder überlebte der Sträfling den mörderischen Einsatz; selbst den Lauf durch ein Minenfeld überstand er unbeschadet. Doch erinnerte er sich viele Jahrzehnte später in einem Interview: »Ich habe [damals] geglaubt, dass ich nie wieder lachen können werde.«

Vom Volksgerichtshof zum Tode verurteilt – Der Fall einer Rüstungsindustrieangestellten

Auch wenn die Strafkompanie im Osten der Vorhof der Hölle war, Muliar kam mit dem Leben davon. Der technischen Zeichnerin Marianne Elise K. aus Berlin-Mariendorf war dieses Glück im Unglück nicht beschieden. Ein Kollege aus der Rüstungsfabrik, in der sie arbeiten musste, hatte sie wegen dieses Witzes angezeigt:

Hitler und Göring stehen auf dem Berliner Funkturm. Hitler sagt, er möchte den Berlinern eine Freude machen. Darauf Göring zu Hitler: »Dann spring doch vom Turm herunter!«

Ihr Fall wurde dem für seine überharten Urteile berüchtigten Volksgerichtshof angetragen, der sich seit geraumer Zeit durch überharte Urteile zu profilieren suchte. Der Gerichtspräsident, jener Dr. Freisler, dessen Name wie kein anderer als Synonym für die Terrorjustiz der Nazizeit steht, führte persönlich den Vorsitz. Das Urteil, das am 26. Juni 1943 verkündet wurde, lautete:

> Frau Marianne K. hat als deutsche Kriegerwitwe unseren Willen zu mannhafter Wehr und tüchtiger Arbeit für den Sieg in einem Rüstungsbetrieb durch gehässige Worte über den Führer und das deutsche Volk und den Wunsch, wir möchten den Krieg verlieren, zu untergraben gesucht. Sie hat sich so und dadurch, dass sie sich als Tschechin aufführte, obgleich sie doch Deutsche ist, außerhalb unserer Volksgemeinschaft gestellt, ihre Ehre ist für immer verwirkt und wird deshalb mit dem T o d e bestraft.[71]

Marianne K. wurde in Berlin-Plötzensee mit der Guillotine hingerichtet. Dass sie darüber verbittert war, dass ihr Mann in einem sinnlosen Angriffskrieg »gefallen« war, wurde ihr nicht als entlastend angerechnet. Im Gegenteil, aus Sicht des Gerichts wurde ihre Schuld dadurch vergrößert, dass sie als »Kriegerwitwe« über Hitler herzog. Ohnehin war es das erklärte Ziel des Volksgerichtshofs, vor dem Leid des Einzelnen die Augen zu verschließen. »Im allgemeinen muss sich der Richter des Volksgerichtshofs daran gewöhnen, die Ideen und Absichten der Staatsführung als das Primäre zu sehen, das Menschenschicksal, das von ihm abhängt, als

---

71 Aus der Urteilsbegründung des Volksgerichtshofs

das Sekundäre«, so schrieb es der scheidende Präsident des ersten Senats, Thierack, seinem Nachfolger, Roland Freisler, ins Stammbuch.[72] Dieser nahm seinen Kollegen beim Wort. Im Laufe des Krieges zog der Volksgerichtshof eine Jahr für Jahr steigende Zahl von Fällen an sich. Auch die Zahl der Todesurteile schnellte unter Thieracks und Freislers Vorsitz schwindelerregend in die Höhe; im Jahr 1942, als sich die Kriegswende bereits abzeichnete, verzehnfachte sie sich sogar im Vergleich zum Vorjahr:

1937: 32 Todesurteile
1938: 17 Todesurteile
1939: 36 Todesurteile
1940: 53 Todesurteile
1941: 102 Todesurteile
1942: 1192 Todesurteile
1943: 1662 Todesurteile
1944: 2079 Todesurteile[73]

»Defätisten« wie die technische Zeichnerin Marianne K. wurden fast ausnahmslos zum Tode verurteilt. Es wurde kein Unterschied gemacht, ob sie Menschen aus dem Volk oder ob sie Prominente waren. Eines der Opfer, der international renommierte Pianist Karlrobert Kreiten, wurde wegen der Prophezeiung, die Führung des NS-Regimes werde bald einen Kopf kürzer gemacht, angeklagt. Selbst eine persönliche Intervention des weltberühmten Dirigenten Furtwängler half nichts. Kreitens Todesurteil wurde dann mit einem

---

72 Vgl. KOCH, S. 217
73 Vgl. KOCH, S. 222

höhnischen Kommentar »Künstler – Beispiel und Vorbild« im Berliner 12-*Uhr-Blatt* gefeiert. Autor des Hetzartikels: der Journalist Werner Höfer. Höfer machte nach dem Krieg beim Westdeutschen Fernsehen Karriere, und durfte dort, obwohl die Öffentlichkeit seit den frühen 60er-Jahren von seiner trüben Vergangenheit wusste, bis 1987 das Politmagazin *Internationaler Frühschoppen* moderieren und sich »Fernsehdirektor« nennen.

Denunziation und Hinrichtung des Filmstars Robert Dorsay

Ein weiterer prominenter »Defätist« war der Schauspieler Robert Dorsay, der in vielen UFA-Lustspielen als Herzensbrecher und Charmeur vom Dienst zu sehen war. Neben seinen schauspielerischen Fähigkeiten konnte Dorsay umwerfend komisch Witze erzählen – und tat dies auch bei jeder Gelegenheit. Über Hitler und Goebbels machte er sich auch auf den Glamour-Partys der UFA gerne lustig. Nicht immer waren diese Witze harmlos:

> *Beim Einzug des Führers in eine Stadt stehen kleine Mädchen mit Blumen Spalier. Eins davon streckt dem Führer ein Grasbüschel entgegen. »Was soll ich denn damit tun?«, fragt Hitler. »Essen«, antwortet die Kleine. »Die Leute sagen jeden Tag: Erst wenn der Führer ins Gras beißt, kommen bessere Zeiten.«*

Dass nicht jeder Kollege diese Art von Humor für gut befand, schien Dorsay gar nicht in den Sinn zu kommen.

Warnzeichen übersah er geflissentlich; auf die ausdrückliche Aufforderung, in die NSDAP einzutreten, reagierte er ablehnend.[74] Dorsay, so viel war jedem klar, verachtete die Nazis. Für seine stolze Haltung und die klaren Worte wurde er systematisch abgestraft. Zuerst sorgte die UFA dafür, dass er keine großen Rollen mehr bekam. Es war ein tiefer Fall für den ehemaligen Star. Im unappetitlichen Hetzstreifen *Robert und Bertram* spielte er den jüdischen Diener des Kommerzienrates Ipelmeyer – ein Sekunden dauernder Gastauftritt als lebende *Stürmer*-Karikatur. Doch die halbherzige Anbiederei bei den Nazis durch diesen Ausflug in die Niederungen des Primitivst-Antisemitismus hielt seinen Abstieg nicht auf. In den Kriegsjahren durfte Robert Dorsay zwar noch als schlecht bezahlter Spaßmacher in Fronttheatern auftreten, an Filmrollen kam er aber nicht mehr heran. In der Kantine des Berliner Deutschen Theaters traf er auf Gleichgesinnte, die sich bei Wein und Bier den Frust von der Seele redeten. Dorsay erheiterte die Runde mit den neuesten Führerwitzen und wurde prompt von einem zufällig anwesenden Regierungsrat bei der Obrigkeit angeschwärzt. Die Folge der Denunziation: Ein Sondergericht des Reichskriegsgerichts verurteilte den Schauspieler im August 1943 zu zwei Jahren Zuchthaus. Noch während Dorsay die Haft antrat, zog sein Fall weitere Kreise. Zu diesem Zeitpunkt versuchte der Staat krampfhaft, die im Zerfall begriffene NS-Volksgemeinschaft durch brutale Maßnahmen zusammenzuhalten. Heinrich Himmler, 1943 zum Reichsinnenminister ernannt, kassierte alle Urteile der Sondergerichte – sie waren ihm offenbar zu milde. Am 8.10.1943

---

74 Vgl. LIEBE, S. 21

musste Dorsay erneut vor Gericht erscheinen. Diesmal endete das Verfahren mit einem Todesurteil. Keine 20 Tage später wurde Dorsay in Berlin-Plötzensee mit dem Fallbeil hingerichtet. Im *Völkischen Beobachter* und zahlreichen anderen Zeitungen wurde sein Tod durch eine lakonische Verlautbarung gemeldet:

> *Verrat mit dem Tode bestraft: Berlin, 1. November. Der Schauspieler Robert Stampa genannt Dorsay wurde wegen fortgesetzter reichsfeindlicher Tätigkeit im Zusammenhang mit schwerster Zersetzung der deutschen Wehrkraft zum Tode verurteilt. Das Urteil wurde bereits vollstreckt.*[75]

Robert Dorsays Name war in den Tagen des vorletzten Kriegsjahres so ein letztes Mal auf einem Plakat zu lesen. Diesmal war es kein Filmplakat, sondern ein blutroter Litfaßsäulenanschlag, der in dürren Worten aller Welt seine Hinrichtung kundtat.

Wann war das Lachen tödlich?

Im Falle Dorsays hatte sich einmal mehr gezeigt, dass im nationalsozialistischen Staat das Erzählen regimekritischer politischer Witze mit zweierlei Maß gemessen wurde. Mal kamen die Täter mit einer Verwarnung davon, andere wanderten ins Gefängnis oder ins Zuchthaus, in einigen extremen Ausnahmefällen endeten sie sogar auf dem Schafott.

---

75 Vgl. LIEBE, S. 27

Der Grund für diese extremen Unterschiede lässt sich, wie Meike Wöhlert eindrucksvoll gezeigt hat, nicht allein auf die Willkür der Justiz zurückführen. Hinter der Vorgehensweise der Richter steckte ein System. Bei den Verfahren gegen sogenannte Defätisten stand nicht die Tat, sondern die Gesinnung der Täter im Vordergrund. Wenn ein Mensch wie Dorsay, der schon seit geraumer Zeit als Regimekritiker aufgefallen war, wegen eines Witzes vor Gericht stand, so musste er mit einem viel härteren Urteil rechnen als ein glühender Nationalsozialist, der denselben Witz erzählt hatte. Dieser Grundsatz der nationalsozialistischen Rechtssprechung stammte, wie man aus einer Anweisung Reinhard Heydrichs aus dem Jahr 1936 erfahren kann, von Hitler selbst.[76]

Die vom Volksgerichtshof verhängten drakonischen Urteile waren dazu bestimmt, Exempel zu statuieren und verfehlten diese Wirkung sicher nicht. Als die Zahl der Todesurteile in den letzten Kriegsjahren anschnellte, stieg damit auch das Gefühl der Bedrohung beim Erzählen regimekritischer Witze. Dennoch: Die These, dass Lachen im Dritten Reich tödlich war, lässt sich so, wie sie immer formuliert wurde, nicht halten. Nicht das Erzählen eines politischen Witzes an sich brachte einen in Lebensgefahr, sondern diese bestand in aller Regel nur dann, wenn die Nationalsozialisten nach einem Vorwand suchten, einen missliebigen Zeitgenossen kaltzustellen. Nicht das »Delikt« an sich war ausschlaggebend, sondern das Bild, das sich die Behörden davon machten, wie ein denunzierter Witzeerzähler zum

---

76 Vgl. WÖHLERT, S. 137

Nationalsozialismus insgesamt stand. Am Beispiel des folgenden, mehrfach aktenkundigen Witzes lässt sich dies verdeutlichen:

> *In der Schule hängen das Bild des Volkskanzlers [Hitler] und des Ministers Göring. In der Mitte, also zwischen den beiden Bildern, ist noch Platz. Der Lehrer fragt: »Was machen wir mit dem freien Platz?« Ein Kind steht auf und sagt: »Da hängen wir Jesus dazwischen, denn der hat früher auch zwischen zwei Verbrechern gehangen.«*

Im Jahre 1933 wurde das Erzählen dieses Witzes von der Gestapo und den Sondergerichten nachweislich als Bagatelle behandelt. Als aber während der letzten Kriegsjahre eine Variante des Witzes von einem oppositionell gesinnten Pfarrer erzählt wurde, verhängte der Volksgerichtshof, der sich eigens eingeschaltet hatte, ein Todesurteil. Dabei war die Pointe diesmal gut versteckt und der Witz dadurch entschärft. Von »Verbrechern« war diesmal keine Rede; man musste schon bibelfest sein, um den Witz zu verstehen.

> *Ein Verwundeter liegt im Sterben und will wissen, wofür er stirbt. Er lässt die Schwester rufen und sagt ihr: »Ich sterbe als Soldat und möchte wissen, für wen ich mein Leben gebe.« Die Schwester antwortet: »Sie sterben für Führer und Volk.« Der Soldat fragt dann: »Kann dann nicht der Führer an mein Sterbebett kommen?« Die Schwester antwortet: »Nein, das geht nicht, aber ich bringe Ihnen das Bild des Führers.« Der Soldat bittet dann, dass ihm das Bild zur Rechten gelegt wird. Weiter sagt der Soldat: »Ich gehöre der Luftwaffe an.« Da bringt ihm die Schwester das Bild von Reichsmarschall Göring und*

legt es zur Linken. Dann sagt der Soldat: »Jetzt sterbe ich wie Christus.«

Im Folgenden soll skizziert werden, welche tragische Verkettung zu diesem drakonischen Urteil geführt hatte. Das Opfer der NS-Justiz war der katholische Geistliche Joseph Müller, Jahrgang 1884. Müller kam aus einem erzkonservativen und zutiefst religiösen Elternhaus. Am Ersten Weltkrieg nahm er, wie viele andere verblendete junge Männer seiner Generation, als Freiwilliger teil. In Frankreich und Rumänien wurde er verwundet, traumatisiert kehrte er aus dem Krieg heim. Dennoch absolvierte er in Freiburg und Münster zügig ein Theologiestudium und wurde 1922 zum Priester geweiht. Schon bei der ersten Anstellung in Duderstadt zeigte sich, dass er ein großes Talent für christliche Jugendarbeit hatte. In den 30ern gab er bisweilen 17 Stunden in der Woche Religionsunterricht. Der eher schwerblütige, seit dem Ersten Weltkrieg zu Depressionen neigende Mann blühte förmlich auf, wenn er dazu Gelegenheit hatte, den Nachwuchs für die Kirche zu begeistern. Politik wurde in seinem Unterricht nicht ausgeklammert; gerne warnte er vor extremen Positionen, jenen »Schattenbildern«, denen die Jugend nicht nachjagen sollte.[77] So kam er fast zwangsläufig in Konflikt mit den örtlichen Nazis, welche die Jugendlichen nicht in der Kirche, sondern bei der HJ und beim BDM sehen wollten. Im niedersächsischen Heiningen, Müllers vorletzter Station als Geistlicher, traf sich aber nicht nur der katholische Nachwuchs im Garten des engagierten Pfarrers. Sein Haus war auch Anlaufpunkt für pol-

---

77 Vgl. SCHARF-WREDE, S. 6

nische Zwangsarbeiter, denen er seelsorgerische Gespräche anbot. Er bestellte sie zur Gartenarbeit, doch war dies nur ein Vorwand, um sie an der Messe und an christlichen Treffen teilnehmen lassen zu können. Freilich war dies gegen die gesetzlichen Bestimmungen, genauso wie sein öffentliches, »defätistisches« Beharren darauf, dass Deutschland den Krieg niemals gewinnen dürfe.[78]

Obwohl er in Heiningen nie offiziell in Konflikt mit der Obrigkeit gekommen war, hatte er damit – nach Nazilesart – keine weiße Weste mehr. Seine neue Stelle in der Ortschaft Groß Düngen bei Hildesheim trat er am 1. August 1943 als politisch Vorbelasteter an. Selbst wird sich Müller seiner prekären Lage nicht voll bewusst gewesen sein. Sogar seine Freunde charakterisierten ihn als naiv; ein Vorgesetzter attestierte ihm nur mittlere Intelligenz und fügte hinzu, Müller mangele es an »geistiger Wendigkeit«.[79] In Groß Düngen machte sich der Pfarrer schnell Freunde, die noch viele Jahrzehnte später von seiner Güte schwärmten. Dass ein ortsansässiger Handwerksmeister, der öfters im Pfarrhaus Reparaturen vornahm, ein fanatischer Nazi war, entging dem Neuling.

Kaum einen Monat nach seiner Ankunft in Groß Düngen führte Pfarrer Müller nach dem Religionsunterricht ein kurzes Gespräch mit dem Dorfschullehrer B. Während dieser Unterredung erzählte ihm B. den oben genannten Witz vom sterbenden Soldaten. Lehrer B. hatte den Witz in einer

---

78 Vgl. SCHARF-WREDE, S. 11
79 Vgl. SCHARF-WREDE, S. 18

Kneipe gehört, wo er nach Aussage von Zeitzeugen von den im Ort ansässigen Bauern lauthals herumerzählt wurde. Auf dem Nachhauseweg traf Pfarrer Müller zufällig den schwer kranken Vater des Düngener Handwerksmeisters. Um den Mann etwas zu erheitern, möglicherweise aber auch, um den dazugetretenen Sohn, der in seiner Gegenwart antireligiöse Scherze machte, zum Schweigen zu bringen, erzählte Pfarrer Müller den frisch aufgeschnappten Witz. Der junge Handwerksmeister N. ging sofort zu dem stellvertretenden Ortsgruppenleiter der NSDAP und denunzierte den Pfarrer. Der erste Stein, dem viele folgen sollten, hatte sich gelöst. Als die Groß Düngener den Vorfall an die Hildesheimer Gestapo meldeten, nahm das Verhängnis seinen Lauf. Während der Gottesdienste tauchten auf einmal Geheimpolizisten in der Kirche auf, die sich in den Mittelgang stellten und demonstrativ in ihre Blöcke kritzelten. Dann wurde der Pfarrer von der Gestapo einbestellt. Nach dem Verhör ließ man ihn allerdings zunächst wieder laufen, denn die Hildesheimer warteten auf eine Weisung des Berliner Reichssicherheitshauptamtes (RSHA), das sich nun auch mit dem Fall beschäftigte. Die Maschinerie des Unrechtsstaates, dieses perfide System, das nur durch Denunzianten wie dem jungen Handwerksmeister funktionieren konnte, kam stotternd, aber unaufhaltsam auf Touren. Oppositionelle Pfarrer standen ohnehin ganz oben auf der schwarzen Liste der Nazis. Erst im Vorjahr war der Pfarrer der ebenfalls zum Bistum Hildesheim gehörenden Gemeinde Harzburg im »Pfaffenblock« des KZ Dachau ermordet worden.[80]

---

80 Vgl. SCHARF-WREDE, S. 16

Im Laufe des nächsten Vierteljahres wurde Pfarrer Joseph Müller immer wieder zur Gestapo zitiert. In den Verhören beteuerte er stets, er habe gar keinen Witz über den »Führer« machen wollen. In Wirklichkeit sei es ihm bei der Geschichte des sterbenden Soldaten um ein christliches Gleichnis zum »Opfergedanken« gegangen. Damit habe er den sterbenden Vater des Handwerksmeisters N. aufmuntern wollen. Diese verquere Verteidigungsstrategie behielt er in den folgenden Monaten konsequent bei. Den Namen des Dorfschullehrers, der ihm den Witz erzählt hatte, gab er trotz aller Drohungen nicht preis. Zu allem Unglück hatte sich der berüchtigte Volksgerichtshof in die laufende Untersuchung eingeklinkt und drängte auf eine baldige Verhaftung des »Defätisten«. Inzwischen hatte der Denunziant N. Gewissensbisse bekommen und traf sich heimlich in einer Gaststätte im Nachbardorf mit Joseph Müller. In dem Gespräch zeigte er Reue, doch der Versuch, die laufenden Ermittlungen durch Widerrufung seiner Anzeige zu stoppen, blieb ohne Erfolg. Am 11. Mai 1944 wurde Müller in seinem Pfarrhaus verhaftet. Wie Zeitzeugen berichteten, kamen die Polizisten durch den Hintereingang, um eine Flucht des Pfarrers zu vereiteln. Müller kam zunächst ins Gefängnis in Hildesheim. Wenige Tage später überstellte ihn die Gestapo unter dem Vorwand, ihn wegen einer akuten Magenerkrankung im Lazarett behandeln zu müssen, in die Haftanstalt Berlin-Moabit. Am 15. Juli wurde dem Groß Düngener Pfarrer die Anklageschrift des Volksgerichtshofs vorgelegt. Die Verhandlung gegen ihn wegen »Zersetzung der Wehrkraft« fand schon 21 Tage später statt – nur wenige Tage nach Stauffenbergs gescheitertem Attentat auf Hitler. Der Augenblick hätte für den

Angeklagten kaum ungünstiger sein können. Jetzt ging es dem Staat darum, Exempel zu statuieren. Vier mutige Groß Düngener Männer, die sich als Entlastungszeugen gemeldet hatten, wurden beim Volksgerichtshof gar nicht erst vorgelassen. Die von dem Vorsitzenden Roland Freisler inszenierte Hauptverhandlung wurde zum gespenstischen Schauprozess. Immer wieder unterbrach Freisler den Angeklagten und erging sich in furchtbaren Schreiereien. Wie Oskar Müller, der Bruder des Pfarrers, später berichtete, machte Freisler während der Zeugenvernehmung zudem wiederholt antikirchliche Witze:

> Die Vernehmung des Zeugen formte Freisler in allem so, wie er es haben wollte. Es verdient, festgehalten zu werden, dass auch während der Zeugenvernehmung sich Freisler immer wieder heftige, ja zynische Witze und Angriffe gegen das Christentum, gegen Papst, Bischöfe, Priester und geistliche Einrichtungen erlaubte, die sich zu Gotteslästerungen steigerten anlässlich eines vom Zeugen erzählten Witzes, der den christlichen Glauben an Himmel und Hölle in niederträchtiger Weise ins Gemeine und Lächerliche zog. Gerade Freisler war es, der noch selber die Worte des Zeugen zu gemeinem Hohn formte. Auch machte die Beweisaufnahme klar, dass man in Kreisen der NS-Partei den Pfarrer von Groß-Düngen deshalb zu beobachten für nötig hielt, weil er durch seine Tätigkeit – gemeint war wohl des Priesters rastloser Eifer unter der Jugend der Pfarrei – alles zunichte machen werde, was die Partei dort aufgebaut habe.[81]

---

81 Vgl. MÜLLER, S. 21

So ging es auch bei diesem Verfahren gar nicht um das Delikt, sondern um eine Generalabrechnung mit einem Glaubenssystem, das dem des Nationalsozialismus widersprach.

Freisler vermochte selbst während vollkommen unkontrolliert wirkender Ausbrüche kohärent zu argumentieren. Wie die Protokolle seiner Prozesse belegen, war er ungeheuer schlagfertig, auch in den Augenblicken seiner teuflischsten Exzesse. Da Freisler unzweifelhaft ein scharfsinniger Mann war, musste er zum Zeitpunkt des Müller-Prozesses geahnt haben, dass Deutschland den Krieg verlieren würde. Zumindest jedem nüchtern denkenden Menschen war dies 1944 klar. Dem Befund seines Verstandes setzte Freisler aber einen quasi-religiösen Glauben an »Führer« und »Endsieg« entgegen.[82] Wer diesen Glauben infrage stellte, der rüttelte am brüchigen Fundament von Freislers Überzeugungen. Im vorletzten Kriegsjahr war die Differenz zwischen nationalsozialistischer Wunschvorstellung und Wirklichkeit schon so groß geworden, dass beides nur durch einen gedanklichen Kraftakt auf einen Nenner zu bringen war. Für Freisler waren die Vertreter des Christentums nichts anderes als Häretiker, die ihn bedrohten, indem sie dem Nationalsozialismus ein konkurrierendes Glaubensmodell entgegenstellten. So erklärten sich Freislers im hysterischen Schrei ton vorgetragene Rechthaberei und die höhnischen Tiraden gegen die »Pfaffen«. Es ging im Prozess gegen Müller nicht um einen Witz, die »defätistische« Äußerung eines Einzelnen, sondern um die verzweifelte Verteidigung einer unendlich

---

82 Vgl. KOCH, S. 231

zugespitzten und daher angreifbaren Position – nämlich derjenigen, dass der Nationalsozialismus durch einen Willensakt gegen seine Feinde immer noch siegen könne. Vor dem Hintergrund der Auflösungserscheinungen, welche die nationalsozialistische Gesellschaft spätestens seit dem Attentat auf Hitler aufwies, kam aus Freislers Sicht nur ein Todesurteil infrage. Allein durch Blutvergießen, so wollten es seine Urteilsbegründungen, ließe sich die »innere Front« wieder schließen. Im Fall Müller endete das Verfahren wie so oft mit einer fürchterlichen Schreiorgie:

> Dann folgte einer jener Wutausbrüche Freislers, in dem er dem armen Opfer in unqualifizierbarer Weise alles mögliche an Dunkelmännerart, Hass und Vernichtungswillen gegen den Nationalsozialismus, mitten in einem furchtbaren Kriege, in dem es um Sein und Nichtsein des Reiches gehe, laut schreiend vorwarf. Wie ein Wurm habe er sich in das Mark des deutschen Volkes hineingebohrt und so den Wehrmachtswillen des Volkes zersetzt. Für eine solche Tat könne es nur e i n e Sühne geben: die Todesstrafe.[83]

Müller wurde am 11. September 1944 um 13 Uhr zur Hinrichtung geführt und um 13:04 Uhr mit dem Fallbeil enthauptet. Wie stets im nationalsozialistischen Deutschland wurde alles auf die Minute genau protokolliert und beglaubigt. Die Rechnung für den blutrünstigen Akt ging per Post an die Erben des Ermordeten. Jede Gedenkveranstaltung wurde strengstens untersagt. In Groß Düngen wurde einer Gastwirtin »freundlich« gesteckt, sie stünde an oberster Stelle der

---

83 MÜLLER, S. 25

Abschussliste, denn in ihrer Wirtschaft würde zu viel über den Toten geredet. Noch in seinen letzten Monaten vor dem Untergang bewies der Unterdrückungsapparat seine Funktionsfähigkeit. Roland Freisler überlebte aber sein Opfer nur um wenige Monate; Anfang Februar 1945 kam er bei einem Bombenangriff ums Leben.

»Bleib gesund und pfleg mein Grab« – Der Untergang

Im Jahr 1944 war der Krieg für Deutschland endgültig verloren. Selbst der Oberbefehlshaber an der Westfront, von Rundstedt, gestand sich im September insgeheim ein, dass der vollständige militärische Zusammenbruch des Nazireichs durch nichts mehr aufzuhalten war.[84] Seit der Landung der Alliierten in der Normandie am 6. Juni waren alle Dämme gebrochen. Schon am 25. August befreiten die Franzosen und Amerikaner Paris. Währenddessen schwoll das Expeditionsheer der Alliierten weiter an und reihte Sieg an Sieg. Vor allem die 3. Armee des US-Generals Patten gewann rasch an Boden und stieß von Metz aus in Richtung Mosel vor. Im August war General Alexander Patch mit der 7. Armee an der französischen Mittelmeerküste gelandet und bewegte seine Truppen mit blitzartiger Geschwindigkeit die Rhône hinauf; zugleich befreite die britisch-kanadische 1. Armee unter dem Kommando Feldmarschalls Montgomery Brüssel und die strategisch bedeutende Hafenstadt Antwerpen. An manchen Tagen

---

84 Vgl. SHIRER, S. 1413

legten die riesigen Panzerverbände der alliierten Streit-
mächte 80 Kilometer und mehr zurück. Die Wehrmacht
hatte ihnen nur wenig entgegenzusetzen; die ihr verbliebenen Ressourcen setzte der »Führer« ohne Verstand ein.
Statt dem Bewegungskrieg des gelandeten Expeditions-
heeres durch flexible Truppenbewegungen zu begegnen,
gab Hitler, wie dies schon während des Stalingrad-Desas-
ters geschehen war, Durchhaltebefehle an die Wehrmacht
aus. Besonders prestigeträchtige Bastionen wurden entgegen aller Vernunft so lange gehalten, bis die dort einge-
kesselten deutschen Verbände restlos aufgerieben waren.
Den »Führer« kümmerte dies wenig; er arbeitete lieber an
einem utopischen Gegenangriffsplan, der den Untergang
seines Heers besiegeln würde.

Auf anderen Kriegsschauplätzen an der Peripherie des hoffnungslos überstreckten Nazireiches sah es noch schlechter
aus. Nordafrika war trotz General Rommels durch allerlei
Propagandabeiwerk glorifizierten Einsatzes in die Hände
der Briten gefallen. Die strategische Bedeutung dieses Ver-
lustes wird Hitler wohl nie vollkommen erkannt haben.
Sein Volk sah es mit klarerem Auge und taufte den Fall von
Tunis prompt »Tunisgrad«, eine Anspielung auf die Niederlage von Stalingrad. Am bedenklichsten war aber die Situation im Osten, wo sich eine riesige sowjetische Streitmacht
gesammelt hatte. Die Sommeroffensive der Roten Armee,
vor der die deutsche Generalität ihren obersten Feldher-
ren immer wieder händeringend gewarnt hatte, rollte über
Osteuropa hinweg. Im August hatten die in immer rasche-
ren Wellen vordrängenden russischen Verbände die Hee-
resgruppe Mitte aufgerieben, Rumänien mit seinen kriegs-

wichtigen Ölfeldern erobert und die Grenze Ostpreußens erreicht.[85]

Da der Krieg in wenigen Wochen zwangsläufig deutschen Boden erreichen würde und dies durch nichts mehr aufzuhalten war, versuchte Goebbels' Propagandamaschine die deutsche Öffentlichkeit mit einem neuen Taschenspielertrick bei Laune zu halten. In der Presse wurde gezielt gestreut, die Naziwissenschaftler arbeiteten an einer »Wunderwaffe«, welche in letzter Minute die Kriegswende herbeizwingen würde. Daran war insofern Wahres, als seit Juni 1944 die Flugbombe V1 (= Vergeltungswaffe 1) und dann ab September das noch größere Meisterstück, die Flüssigtreibstoffrakete V2, zur Verfügung stand. Beide Flugkörper waren in der Tat Wunder der Technik. Doch waren sie bei Weitem nicht so effektive Waffen, dass sie spürbare Auswirkungen auf das militärische Kräfteverhältnis gebracht hätten. Die V1 verfehlte meist ihr Ziel und war außerdem so langsam, dass sie leicht von britischen Abfangjägern abgeschossen werden konnte. Die V2 flog zwar mit 5.500 km/h uneinholbar schnell, doch auch sie blieb militärisch unbedeutend. Bei der Montage von Wernher von Brauns Teufelsmaschinen schufteten sich rund 10.000 Zwangsarbeiter in einem unterirdischen KZ (»Dora Mittelbau«) zu Tode. Es war eine der schrecklichen Absurditäten des deutschen Raketenprogramms, dass die Produktion der V2 mehr Menschenleben kostete als ihr Einsatz.

---

85 Vgl. SHIRER, S. 1409

Wie viele Menschen der Mär von der »Wunderwaffe« aufsaßen, kann nicht mehr geklärt werden. Auf die V-Waffen hofften viele; im Angesicht der Niederlage klammerten sich die Deutschen an jeden Strohhalm. Dass es eine nicht benennbare Zahl von »Defätisten« gab, welche den braven Glauben ihrer Zeitgenossen nicht teilten, zeigen die schnoddrigen Spitznamen, die der V1 im Volksmund verpasst wurden: »Volksverdummungsmittel 1«, »Verzweiflungsmittel 1« oder schlicht »Versager Nr. 1«. Außerdem erfanden die nie um eine Pointe verlegenen Witzeerzähler neue Wunderwaffen, etwa die V3, eine Großraumrakete mit 4000 km Aktionsradius, die selbsttätig mit Gefangenen an Bord zurückkommen könne, die V4, einen gigantischen 100-Mann-Panzer (»Vier Mann sitzen darin und 96 schieben«), und schließlich die V15, eine große weiße Fahne, die man beim Herannahen der Alliierten deutlich sichtbar schwenken solle.

Eine militärisch wirklich ernst zu nehmende »Wunderwaffe« waren die hochmodernen U-Boote der Klasse XXI, die bis zu 100 Stunden ohne aufzutauchen unter Wasser bleiben konnten. Tatsächlich hätten die äußerst schwer zu ortenden Tauchgeräte großen Schaden anrichten können. Doch wurden sie viel zu spät serienreif, um den Krieg zur See nennenswert zu beeinflussen. So blieb der Einsatz deutscher Unterseebote im Zweiten Weltkrieg eine Geschichte der Katastrophen, der Totalverluste, der schwimmenden Särge. Wieder einmal klafften die Ankündigungen der Propaganda und die Realität meilenweit auseinander. Ein in vielen Quellen und Varianten belegter Witz nahm sich des Themas an.

>»Wusstest du, dass die Marine eine neue Wunderwaffe hat?« – »Nein, was denn?« – »Ein Zwei-Mann-U-Boot mit einer Gummihaut von 1,4 Metern Dicke.« – »Soll das ein Schutz gegen die Sendestrahlen der Suchgeräte sein?« – »O nein, das U-Boot fährt dauernd um England herum und radiert es aus!«*

Mehr als um die Goebbels'schen Chimären ging es zu diesem Zeitpunkt dem Volk um das nackte Überleben. Seit 1940 wurde Deutschland bombardiert. Während Filmaufnahmen aus dem Jahr 1942 Berlin noch so zeigen, als herrsche dort tiefster Friede, verwandelte sich die Hauptstadt langsam aber sicher in eine riesige Schutthalde. Es ging in den Straßen das nicht ganz ernst gemeinte Gerücht, General Rommel würde hier bald zum Gauleiter berufen, denn er kenne sich am besten in der Wüste aus. Ein Zeitzeuge berichtete, er sei als Kind an dem von Fliegerbomben schwer beschädigten Sportpalast vorbeigelaufen und ein Klassenkamerad habe gesagt: »Nun ist Bums Beens bunte Bühne abgefackelt!« – Bums Been, das war ein wenig schmeichelhafter Spitzname für den gehbehinderten Joseph Goebbels, der im Sportpalast 1943 die Zustimmung des Volkes zum »totalen Krieg« eingefordert hatte.

Berlin litt schwer unter dem Krieg, der nun mit aller Macht in Deutschland angekommen war. Görings in der Auflösung befindliche Luftwaffe konnte den alliierten Tausend-Bomber-Angriffen nichts entgegensetzen. Dabei hatte Göring immer wieder lauthals geprahlt, kein feindliches Flugzeug werde je Deutschland erreichen. Dieses so offensichtlich gebrochene Versprechen war eines der ganz wenigen Dinge, welches die Massen Göring wirklich übel nahmen. Gegen

Kriegsende, als der Humor zusehends schwärzer wurde, soll in Berlin folgender drastischer Witz kursiert sein:

Die Naziherrschaft ist zu Ende. Das Urteil ist gesprochen. Hitler, Göring und Goebbels hängen am Galgen. Da wendet sich Göring noch einmal rechthaberisch zu Goebbels und röchelt ihm zu: »Ich habe es dir ja immer gesagt: Die Sache wird in der Luft entschieden.«

Die Witze über die Führung wurden zunehmend beleidigender. Ein Witz, den Zeitzeugen in verschiedenen Varianten in Wien, Berlin und Köln erzählten, richtete sich direkt gegen Hitler. Eingepackt war die sarkastische Pointe in eine kleine Geschichte:

Hitler und sein Chauffeur fahren übers Land. Auf einmal, bumm!, ein Aufprall! Sie haben ein Huhn überfahren. Hitler zum Chauffeur: »Wir müssen es dem Bauern melden. Lassen Sie mich mal machen, ich bin der Führer, er wird es verstehen.« Nach zwei Minuten kommt Hitler angerannt und hält sich den Hintern – der Bauer hat ihn verdroschen. Die beiden fahren weiter. Doch plötzlich, bumm!, platsch!, wieder ein Aufprall! Sie haben ein Schwein überfahren. Hitler zum Chauffeur: »Diesmal gehen aber Sie zum Bauern!« Der Chauffeur gehorcht dem Befehl, kommt aber erst nach einer Stunde wieder, vollkommen betrunken und mit einem Korb mit Würsten und Geschenken in der Hand. Hitler vollkommen erstaunt: »Ja mein Gott, was haben Sie dem Bauern denn gesagt?« Darauf der Chauffeur: »Ich habe nur gesagt: ›Heil Hitler, das Schwein ist tot!‹ – und da haben sie mir diese Geschenke gegeben!«

Tief war Hitler gefallen, nicht länger gottgleicher »Führer«, in der Wahrnehmung vieler Menschen war er nur noch ein Schwein. Doch für die Mehrheit saß der Feind anderswo, in London, Moskau, Washington. Nacht für Nacht flogen die riesigen Bombengeschwader der Alliierten im Stundentakt Angriffe auf deutsche Städte. Da die Luftwaffe so offenkundig versagt hatte, ließ der »Führer« in Berlin und Hamburg riesige Zitadellen mit radargeführten Geschützen bauen, um die feindlichen Flieger vom Himmel zu schießen. Ralph Wiener berichtete, dass Unbekannte ein kerniges Landser-Lied umgedichtet hatten, das nun mit folgendem Text unter den Soldaten die Runde machte:

Auf dem Dach der Welt,
da steht 'ne Flakbatt'rie
die schießt die ganze Nacht
und treffen tut sie nie![86]

Umgedichtet wurde auch der Schlager »Es geht alles vorüber, es geht alles vorbei«, gesungen von Lale Andersen im gleichnamigen Kitsch-Film aus dem Jahr 1942. Im Original hieß es:

Es geht alles vorüber,
es geht alles vorbei;
doch zwei, die sich lieben,
die bleiben sich treu.

---

86 Vgl. WIENER S. 113

Lucie Mannheim, eine nach London emigrierte Jüdin, sang im deutschsprachigen Programm des BBC-Rundfunks eine »verbesserte« Fassung des Lieds, in dem es nun hieß:

Es geht alles vorüber,
es geht alles vorbei;
erst geht Adolf Hitler,
dann geht die Partei.

Auf jeden Dezember
Folgt wieder ein Mai.
Dann ist es mit Hitler
Und den Bonzen vorbei.

Der wehmütige Anti-Nazi-Schlager wurde in Deutschland zu einem Underground-Hit. Der Text kursierte auch ohne Melodie in verschiedenen Fassungen in der Bevölkerung – mal als politisches Gedicht, mal in Kurzfassung als Witz. In letzterer Form ist er auch wiederholt in den Unterlagen des SD und der Gestapo zu finden. So eingängig und clever war Mannheims musikalischer Propagandastreich, dass er der effektivste Einfall der Satireabteilung des deutschsprachigen Programms genannt werden kann.

Im Jahr 1944 war noch nichts vorüber und vorbei. Neben den alliierten Bombern dröhnte nach wie vor Goebbels' unerbittliche Propaganda, die noch immer von »Vergeltung« fantasierte. Diese »Vergeltung«, also die Rache für die Bombenangriffe auf deutsche Städte, sah vor allem so aus, dass der Rest der Wehrmacht in einer sinnlosen Offensive in Frankreich verheizt wurde. So schlecht stand es inzwischen um die dezimierte deutsche Armee, dass Hitler am 25. September 1944 den »Volkssturm« einberief. Dieses letzte Aufgebot bestand aus in Eilkursen an der Panzerfaust ausgebildeten Hitlerjungen, manche davon keine 16 Jahre alt, und aus wehruntauglichen Männern, die bis zu 60 Jahre alt waren. Gegen die kampferprobten, gut ausgerüsteten Verbände der heranrollenden Roten Armee und der westlichen Alliierten konnte diese armselige Miliz nichts ausrichten. Bei Kriegsende wurden allein 170.000 Mitglieder des »Volkssturms« als vermisst gemeldet – die meisten davon waren mit hoher Wahrscheinlichkeit tot. Die Menschen machten sich ihren eigenen Reim darauf, dass nun Kinder und Greise in einen sinnlosen Abwehrkampf geschickt wurden:

Maikäfer flieg!
Der Vater ist im Krieg.
Den Opa ziehn sie auch noch ein.
Das wird wohl die Vergeltung sein.
Maikäfer flieg!

Makaber war auch ein weiterer Witz, der auf einem Friedhof spielte. Ein Mann, der mit einem Spaten hantiert, wird gefragt, ob er gerade den Ersatz für den Volkssturm aushebe. Etwas anderes als Galgenhumor war angesichts des Aufgebots der allerletzten Kräfte offenbar nicht mehr möglich:

Wer hat Gold im Mund, Silber im Haar und Blei in den Gliedern? Antwort: Der Volkssturm-Mann.

In verschiedenen Varianten kursierte ein weiterer Scherz, der den Volkssturm zur lang herbeigesehnten »Wunderwaffe« erklärte, denn bei seinem Anblick würden sich die Russen gewiss totlachen und dann sei der Krieg gewonnen. Die Bevölkerung muss der Anblick der Rentner (»HJ-Spätlese«) und Jugendlichen in Uniform gedauert haben. Ironisch sagte man, jetzt würde bald der Jahrgang 1943 in Kinderwagen an die Front gerollt; außerdem habe Hindenburg bei Petrus Urlaub beantragt, da auch sein Jahrgang jetzt eingezogen werde. Bei aller Schnoddrigkeit waren dies Witze, die aus der Verzweiflung geboren waren, nicht allein aus Häme über das Volkssturm-Kanonenfutter.

Das nahende Kriegsende kündigte sich aber auch durch andere Umstände bei der deutschen Zivilbevölkerung an. Hitler hatte aufgrund der Erfahrungen aus dem Ersten Weltkrieg immer darauf geachtet, dass die Deutschen ausreichend mit Nahrungsmitteln versorgt waren. Dies geschah nicht aus Mitgefühl, sondern um die Moral der »Heimatfront« zu stärken. Um die Versorgung der Deutschen zu gewährleisten, wurde in den besetzten Gebieten ohne jede Rücksicht geplündert. Besonders die Polen und die Ukrainer mussten unter diesen Maßnahmen entsetzlich leiden. Doch im Laufe der Monate gingen immer mehr eroberte Länder verloren. Zudem wurden die Versorgungswege durch Bombenangriffe blockiert. Die Versorgungslage verschlechterte sich daher in Deutschland zusehends. Zwar verhungerte die deutsche Zivilbevölkerung nicht, wie in den Ländern, die unter dem Joch der Besatzung litten, doch die Menschen mussten den Gürtel merklich enger schnallen. Über die Engpässe wurde ausgiebig geschimpft; dass anderswo ganze Landstriche ausgeblutet waren, um Deutschland auf einem erträglichen Ernährungsniveau zu halten, wurde geflissentlich ignoriert. In Wien nahm man das Problem der Rationierung mit Humor – um genauer zu sein, mit jenem beißenden Witz, der dieser Stadt seit jeher zu eigen ist:

Hitler, Göring, Goebbels und der Ernährungsminister Backe halten Kriegsrat. Hitler zu Göring: »Wie lange reichen Flugzeuge und Benzin?« Göring: »Fünf Jahre, mein Führer!« Hitler zu Goebbels: »Wie lange ist das Volk durch Propaganda noch bei der Stange zu halten?« Goebbels: »Zehn Jahre, mein Führer!« Hitler zu Backe: »Und wie lange können Sie uns noch ernähren?« Backe: »Zwanzig Jahre, mein Führer!« Hitler mit gewohnter Energie: »Dann können wir den Krieg ja noch lange weiterführen!« Schüchtern meldet sich nochmals Backe: »Ich meinte aber nur uns vier!«

Zwar war der Plan der Alliierten, die Deutschen durch ununterbrochene Bombardements zu zermürben, gescheitert, doch wähnte sich das Volk nun ernsthaft in Gefahr, vom Feind ausgehungert zu werden. Auch zu diesem Thema kursierte ein für die letzten zwei Kriegsjahre typischer Witz, dessen schwarzer und von Resignation zeugender Humor sich deutlich von dem der euphorischen Blitzkriegsphase unterscheidet.

Churchill macht einen Erkundungsflug über Deutschland. Er kommt verzweifelt zurück und sagt: »Die Deutschen sind nicht auszuhungern, sie haben sich so eingedeckt, dass die Säcke schon aus den Kellerfenstern sehen.«[87]

---

87 Anm. d. Autors: Damit waren die Sandsäcke gemeint, die als Splitterschutz vor den Fenstern lagen.

Nacht für Nacht verbrachte die Zivilbevölkerung, die nun hauptsächlich aus Frauen, Kindern und Invaliden bestand, in Luftschutzräumen. Anfangs kam die Warnsirene noch gut eine halbe Stunde vor Beginn des Fliegerangriffs; im Chaos der letzten Monate ertönte sie manchmal nur Minuten vor den ersten Einschlägen. Wer sich nicht rechtzeitig in die Bunker retten konnte, war den Flächenbombardements schutzlos ausgesetzt. Von der Stimmung unten, in den Kellern, bei flackernder Notbeleuchtung, erfahren wir aus dem Tagebuch einer anonymen Autorin. Sie schildert darin die Erzählsituation, in der die Witze in den letzten Tagen des Dritten Reiches am häufigsten weiter verbreitet wurden:

> Im Keller, 22 Uhr. Nach der Abendsuppe gönnte ich mir oben etwas Bettruhe, trabte dann abwärts. Schon war die Kellergemeinde vollzählig versammelt. Heute wenig Beschuss und, obwohl die Zeit dafür heran ist, bisher kein Luftangriff. Eine nervöse Heiterkeit bricht aus. Allerlei Geschichten kursieren. Frau W. ruft: »Lieber ein Russki auf'm Bauch als ein Ami auf'm Kopf.« Ein Witz, der schlecht zu ihrem Trauerkrepp passt. Frau Behn kräht durch den Keller: »Nu woll'n wir doch mal ehrlich sein – Jungfern sind wir wohl alle nicht mehr.«[88]

Gegen Ende des Krieges war der Osten Deutschlands nicht nur feindlichen Bombern ausgesetzt; es nahte nun die fürchterliche »Wunderwaffe« des Zweiten Weltkriegs – jene primitiven Raketenwerferbatterien, die wegen ihres jaulenden Abschussgeräuschs »Stalinorgeln« getauft wurden. Die Wirkung dieser wenig zielgenauen Geräte, die bis zu 54 Raketen

---

88 ANONYMA, S. 28

gleichzeitig abschießen konnten, war verheerend. Die Berliner tauften ihre Stadtteile um, angeblich hießen die Stationen einer neuen Autobuslinie: »Reichstrümmerfeld« – »Klamottenburg« – »Neustehnix« und »Trichterfelde-West«. Die Menschen grüßten sich mit »eine splitterfreie Nacht« oder schlicht mit »bleib gesund und pfleg mein Grab«.

Im letzten Kriegsjahr lief alles wie im Zeitraffer ab. Hitlers letzte verzweifelte Offensive im Westen scheiterte nach einem Monat jämmerlich, das rasche Ende war vorauszusehen. Die Kohleregion Schlesien wurde von der Roten Armee überrollt. »Der Krieg ist verloren«, vermeldete der Rüstungsminister Albert Speer seinem »Führer« trocken in einer Denkschrift.[89] Am 9. April 1945 ergab sich das von Goebbels zur »Festung« deklarierte, nun aber völlig zerstörte Königsberg. Am 23. April war dann schon der Kampf um die Hauptstadt in vollem Gange. Bezeichnenderweise musste die Rote Armee in der Witzehochburg Berlin mühsam Straßenzug um Straßenzug erobern. Von dem Widerstand, den Humor angeblich mobilisieren kann, war nichts zu spüren. Auch in Wien wurde das Dritte Reich verbissen bis zuletzt verteidigt: Im Stadtteil Simmering wurde um jedes Haus gekämpft. Doch trotz allen Widerstandswillens schnurrte Hitlers Germanenstaat mit jedem Tag weiter zusammen. Das Volk nahm es mit Galgenhumor.

Ein Mann zum anderen: »Sag mal, was machst du nach dem Krieg?« – »Ich mache endlich richtig Urlaub und reise durch Großdeutschland.« – »Und was machst du am Nachmittag?«

---

89 Vgl. SHIRER, S. 1424

Eine häufige Frage, die in den Witzen dieser Tage gestellt wurde, war, was Hitler nach dem Krieg machen würde. Angesichts der unabwendbaren Niederlage hatte dieses Thema ja durchaus Brisanz. Der Berliner Zeitzeuge Paul Kraft berichtet folgenden Witz:

> *»Warum macht der Führer so komisch den Hitlergruß?« [Hitler winkelte den rechten Arm oft nur kurz ab, wobei die Handfläche schräg nach oben zeigte] Antwort: »Weil er nach der Niederlage Kellner werden möchte!«*

Am 30. April erübrigte sich dann auch alle weitere Spekulation. Inzwischen hatten sich die Russen bis zur Reichskanzlei vorgekämpft. Viele Stockwerke unter ihnen schoss sich Hitler in den Kopf. Über den Selbstmord des »Führers« gibt es freilich keinen einzigen überlieferten Witz; trotz aller Entzauberung, die sich in den letzten Monaten vollzogen hatte, war die Bevölkerung schockiert über Hitlers Tod. Mit einer kaum nachvollziehbaren, kindlich anmutenden Naivität hatten viele Deutsche ihren Diktator bis zur letzten Minute verehrt. Jetzt war niemandem mehr zum Scherzen zumute.

Jm Namen
des Deutschen Volkes

In der Strafsache gegen

die technische Zeichnerin <u>Marianne Elise</u> K ████████████ geb.
Tomandl aus Berlin-Mariendorf, geboren am 1o. August 1921 in Elster-
berg (Vogtland),

zur Zeit in dieser Sache in Untersuchungshaft,

hat der Volksgerichtshof, 1. Senat, auf Grund der Hauptverhandlung
vom 26. Juni 1943, an welcher teilgenommen haben

als Richter:

Präsident des Volksgerichtshofs Dr. Freisler, Vorsitzer,

Landgerichtsdirektor Stier,

SS-Standartenführer von Dolega-Kozierowski,

Generalarbeitsführer Voigt,

Ortsgruppenleiter Kelch,

als Vertreter des Oberreichsanwalts:

Erster Staatsanwalt Ranke,

für Recht erkannt:

Frau Marianne K ████████████ hat als deutsche Kriegerwitwe unseren Willen zu mannhafter Wehr und tüchtiger Arbeit für den
Sieg in einem Rüstungsbetrieb durch gehässige Worte über den Führer
und das deutsche Volk und den Wunsch, wir möchten den Krieg verliere
zu untergraben gesucht.

Sie hat sich so und dadurch, daß sie sich als Tschechin
aufführte, obgleich sie doch Deutsche ist, außerhalb unserer Volksgemeinschaft gestellt, ihre Ehre für immer verwirkt und wird deshalb
mit

den T o d e

bestraft.

Die Richtigkeit der vorstehenden Abschrift
wird beglaubigt und die Vollstreckbarkeit des Urteils
bescheinigt.

Berlin, am 28. Juni 1943

Thiele, Amtsrat

als Urkundsbeamter der Geschäftsstelle.

Beglaubigt:

Justizsekretär

als Urkundsbeamter der Geschäftsstelle.

»Defätisten« wurden hart bestraft: der Fall Marianne K.

Pfarrer Joseph Müller, ca. 1943 – Anklageschrift des
Volksgerichtshofs

aufgestellt. Dieser sagt darauf: Jetzt sterbe ich wie
Christus!!! (Hier deckt sich der Wortlaut nicht mit dem Protokoll der Gestapo, wo steht ... zwischen zwei Verbrechern)

In diesem Augenblick wurde N. von seiner Ehefrau an den
im Obergeschoß des Hauses aufgestellten Fernsprecher gerufen
und mußte sich deshalb entfernen. Er nahm an, daß der A.
durch seine Erzählung hatte zum Ausdruck bringen wollen,
wie einst Christus zwischen zwei Schächern gestorben sei,
so habe hier der Soldat zwischen zwei Verbrechern sein Leben
enden müssen. Darüber, daß der Führer und Reichsmarschall in
dieser Weise von dem A. als Verbrecher bezeichnet wurde,
war N. auf das tiefste empört. In der Überzeugung, daß der
A. eine Gefahr für den Nationalsozialismus sei, wandte er
sich an den stellvertretenden Ortsgruppenleiter der NSDAP,
den Molkereibesitzer Rierk, bat diesen, zunächst mit niemandem
darüber das, was er ihm mitteilen würde, zu sprechen, und
teilte ihm dann das von den A. mit, um mit ihm zu
besprechen, was gegen den Angeschuldigten zu unternehmen sei.
Rierk erklärte jedoch, daß sie derartiges nicht für sich behalten dürften und erstattete gegen den A. Anzeige.

III.

Bl.7/8. Der Ang. hat zugegeben, bei den beiden von N. geschilder-
ten Gelegenheiten mit diesem zusammengetroffen zu sein. Nach
seiner Darstellung hat er im übrigen N. erklärt, niemand
könne sagen, ob der Krieg von Deutschland gewonnen werden
würde, oder ob er etwa so wie der erste Weltkrieg enden würde.
Die Lage sei ernst. Es würde ihm bitterweh tun, wenn die
Jugend aus dem jetzigen Kriege ebenso heimkehren müsse, wie
er selbst aus dem ersten Weltkriege. - Der Bolschewismus
würde sich aber von den schweren Schlägen, die er erhalten
habe, nicht erholen können, sondern verblute sich. - Der
Nationalsozialismus sei vom historischen Standpunkt aus betrachtet durch die Arbeitslosigkeit, die Inflation und das
Versagen der anderen politischen Systeme zur Macht gelangt. -
Bei seiner Unterhaltung mit N. hat er auch davon gesprochen,
daß sich Ostarbeiter im Reich in Arbeit befänden. Er habe
aber daran keine abfällige Kritik geübt. In seiner Erzählung
von dem sterbenden Soldaten habe er klediglich den Tod des
Soldaten mit dem Tode Christi vergleichen und darlegen wollen,
daß der Soldat wie Christus in Erfüllung einer Aufgabe für
eine Idee stürbe.

Der Fall Pfarrer Müller – Anklageschrift des
Volksgerichtshofs

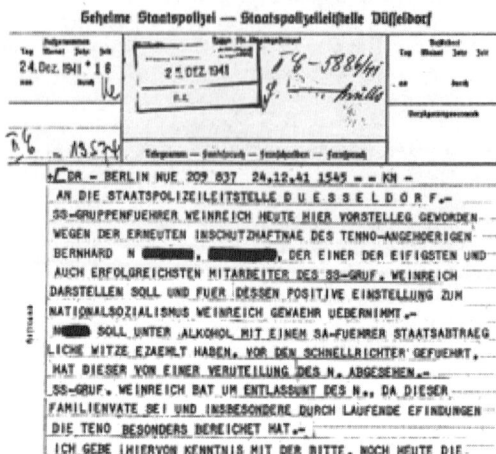

Manche Urteile gegen Witzemacher waren milde

VI. HUMOR UND VERNICHTUNG

»Man darf sich nicht alles gefallen lassen,
man muss sich wehren«
Der Holocaust im jüdischen Witz

Im Schatten des Vernichtungskrieges im Osten begann das dunkelste Kapitel des Dritten Reichs. Mit aller Gewalt wollte Hitler sein Volk von vermeintlichen »Schädlingen« und »Parasiten« befreien. Er betraute seinen besten Organisator mit der mörderischen Aufgabe: Heinrich Himmler. Der Führer der SS durfte sich nun »Reichskommissar zur Festigung des deutschen Volkstums« nennen. Konkret hieß dies, dass er Hitlers Lebensraumkonzept in den eroberten Ostgebieten umsetzen sollte. Deutsche sollten die weiten Ebenen der Ukraine und Russlands besiedeln und dort wie in urgermanischen Zeiten in »Wehrdörfern« Ackerbau treiben. Die dort seit Jahrhunderten ansässige Bevölkerung aber sollte vertrieben oder versklavt werden. Für die in Deutschland und im besetzten Europa verbliebenen Juden hatten sich die Nazis einen unmenschlichen Plan ausgedacht: die »Endlösung«, deren technische Durchführung das Thema der berüchtigten Wannsee-Konferenz war. Während das Besiedlungsprojekt des »Generalplans Ost« in seinem vollen Umfang erst nach einem gewonnenen Krieg umgesetzt werden sollte, besaß die Judenvernichtung für Himmler und seine Schergen oberste Priorität: Mit hoher krimineller Energie perfektionierten sie das Mordhandwerk immer weiter. Kaum war die Wehrmacht weitergerückt, folgte eine zweite Welle, die im Rücken der Front Pogrome und Massenerschießungen durchführte. So merkwürdig und unangemessen dies heute klingen mag: Auch über das organisierte Töten wurden Witze gemacht. Urheber waren allerdings nicht unbeteiligte Deutsche oder gar die Mörder selbst. Es waren die Juden, die sich durch krassen, überharten Galgenhumor gegenseitig Mut machen wollten. Denn selbst die aussichtsloseste Situation verlor einen Teil ihres Schreckens, wenn man darüber lachen konnte. Manche der Witze sind erstaunlicherweise erhalten geblieben, erzählt von den wenigen Überlebenden der Tötungsaktionen. Ein besonders drastisches, im Grunde tief trauriges Exemplar hat Manès Sperber aufgezeichnet:

In einem jüdischen Dorf im Osten kommt es in der Nazizeit zu immer grässlicheren Übergriffen, Pogromen und Erschießungen. Einer kommt ins Nachbardorf und berichtet. Man fragt ihn: »Und was habt ihr da gemacht?« Er antwortet: »Beim letzten Mal haben wir nicht nur 75 Psalmen gebetet, sondern alle 150. Und wir haben gefastet wie am Versöhnungstag.« »Richtig«, gibt man ihm zur Antwort, »man darf sich nicht alles gefallen lassen, man muss sich wehren.«

Der Witz spiegelt die weit verbreitete Auffassung, die Juden hätten sich wie »Lämmer zur Schlachtbank« führen lassen. Allerdings ist in der Pointe kein Vorwurf enthalten, gerade das weltfremd-pazifistische machte das eigene Volk so liebenswert, angesichts einer sich in immer blutrünstigeren Verbrechen ergehenden Umwelt. Rabenschwarz und erschütternd ist auch folgender Witz aus Salcia Landmanns Sammlung, der ebenfalls die Massenerschießungen hinter der Front thematisiert:

Jüdische Opfer sollen von der Gestapo erschossen werden. Der kommandierende SS-Sturmführer, von einer Laune gepackt, tritt auf einen Juden zu und schnarrt: »Na, Sie sehen ja leidlich arisch aus. Ich will Ihnen eine Chance geben. Ich habe ein Glasauge, das aber nicht leicht zu erkennen ist. Wenn Sie sofort richtig raten, werde ich Sie noch zurückstellen!« Ohne zu zögern erfolgt die Antwort des Juden: »Das linke!« – »Woran haben Sie das erkannt?« – »Es hat einen so gütigen Ausdruck!«

Während an der Ostfront von »Einsatzgruppen« Massenliquidierungen durchgeführt wurden, arbeitete die SS bereits an dem nächsten Schritt des furchtbaren Vernichtungsplans. Zwar fand der Massenmord an den Juden im Osten statt, Hitlers Ziel war jedoch nicht allein die Ausrottung des orthodoxen Ostjudentums, sondern die organisierte Tötung aller europäischen Juden. Seit dem 1. September 1941 mussten alle Menschen, die »jüdisches Blut« hatten, ob Deutsche, Holländer oder Franzosen, den gelben Judenstern am Jackenaufschlag tragen. Der Sinn dieser Maßnahme war, die Juden im Reich und in den besetzten Gebieten zu erfassen, für alle sichtbar zu kennzeichnen und aus der »Volksgemeinschaft« auszuschließen. Für all diejenigen, die den Stern trugen, begann ein fürchterlicher Spießrutenlauf. Mit unbeirrbarem Witz reagierten die Juden auf die täglichen Kränkungen; der Stern bekam von ihnen den Spitznamen »pour le Sémite« verpasst, als sei er eine besondere Ehrenauszeichnung. Schwerer als alle Diskriminierungen wog jedoch die Furcht vor den nun, im Frühjahr 1941, anlaufenden Deportationen in den Osten. »Umsiedlung«, so hießen die Viehwagentransporte offiziell, manchmal liefen sie unter der zynischen Bezeichnung »Wohnsitzverlegung«. Nach Hause kehrte keiner der »Umgesiedelten« zurück, doch die Deutschen in der Heimat schwiegen und schauten weg. Dass die Reise nicht in paradiesische Judendörfer im Osten führte, dessen waren sich alle gewärtig, am schmerzhaftesten aber die Juden selbst, wie dieser Witz beweist:

Wie viele Arten von Juden gibt es? Antwort: zwei. Optimisten und Pessimisten. Und wodurch unterscheiden sie sich? Die pessimistischen Juden sind im Exil, die optimistischen in deutschen Konzentrationslagern.

War, was im Osten geschah, auch so unvorstellbar, dass wenige das ganze Ausmaß des höllischen Systems, das sich die Himmlers und Eichmanns hatten einfallen lassen, ahnten, so viel war klar: Die Deportation war eine Reise ins Verderben. Schon mit Kriegsbeginn hatte sich die Situation in den Konzentrationslagern dramatisch verschlechtert. Das Jahr 1939 stand zwar noch nicht im Zeichen der organisierten Massenvernichtung, doch starben Tausende in den Lagern an Unterernährung und Seuchen.[90] Verheerend und gänzlich menschenunwürdig war aber nicht nur die Lage der Verschleppten und Eingesperrten. Auch bei der Vergabe von Lebensmittelrationen in den besetzten Gebieten wurde mit zweierlei Maß gemessen. Wer das Pech hatte, Jude zu sein, den traf es am schlimmsten. Verbrieft ist folgendes (vergiftete) Kompliment, das die Hungernden den deutschen Besatzern machten:

Die Besatzer verstehen etwas von Ernährung – sie haben wissenschaftlich festgestellt, dass Deutsche zweitausendfünfhundert Kalorien pro Tag benötigen, Polen sechshundert und Juden einhundertvierundachtzig.

Ein noch härterer Witz stammt aus dem besetzten Amsterdam, wo die Juden ebenfalls schrecklich hungern mussten. Die Deutschen gaben ihnen absichtlich viel zu wenig Essensmarken – eine fürchterliche, unmenschliche Maßnahme. Ein Betroffener berichtete:

Von den Marken kann man nicht leben, oder zumindest nur sehr schlecht. Dazu gibt es einen guten Witz. Jemand wollte Selbstmord begehen und sich erhängen. Aber der Strick war von so schlechter Qualität, dass er riss. Dann wollte er sich vergasen, aber das Gas war abgedreht (das war nämlich letzten Winter von zwei bis fünf so). Dann lebte er nur noch von seinen Marken, und es gelang ihm auf Anhieb.[91]

90 Vgl. KOGON, S. 137
91 BOLLE, S. 103

Die Juden gaben, soweit sie konnten, wahnsinnige Beträge für zusätzliche, illegal erstandene Essensmarken aus. Geld zu sparen war ohnehin sinnlos, denn die Menschen lebten in der Gewissheit, jederzeit deportiert werden zu können. Jeder ahnte, dass den nach Osten Verschleppten Geld nichts mehr nutzte. Daher wurde jeder ersparte Groschen nun gegen Naturalien eingetauscht.

Das Aushungern der Juden war freilich nur Teil des grausamen Plans. Wieder waren die Schrauben weiter angezogen worden; ein Entkommen gab es nicht. Bei den Leidtragenden machte sich ein Gefühl tiefer Hoffnungslosigkeit breit, denn der Weg in die Freiheit, ins Ausland, war den Juden seit Kriegsbeginn endgültig versperrt. Die Verzweiflung der den Nazis ausgelieferten Menschen fand erst im Humor eine eigene Sprache:

> In einem Wiener Reisebüro erkundigte sich nach dem Einmarsch Hitlers ein Jude nach Auswanderungsmöglichkeiten. Die Angestellte des Reisebüros hatte den Globus vor sich und fuhr mit dem Finger von Land zu Land und sagte: »Auswanderung nach Palästina ist gesperrt, die amerikanische Quote ist bereits vergriffen, Visum für England sehr schwer, für China, Paraguay und Brasilien braucht man finanzielle Garantien, Polen erlaubt selbst polnischen Juden keine Wiedereinreise.« Der Jude deutete resignierend mit dem Zeigefinger auf den Globus und fragte: »Außer dem da haben Sie nichts?«

Die in Gettos zusammengepferchten Juden waren ihren Häschern wehrlos ausgeliefert, der Weg in die Freiheit war abgeschnitten. Nur wenige entkamen dem langen Arm des sich in immer schlimmeren Gewaltorgien ergehenden NS-Staates. Tatsächlich gelang es einigen, mit falschen Papieren unterzutauchen, oder sich, wie Anne Frank, zumindest zeitweilig vor der SS zu verstecken. Tatkräftige Hilfe leisteten nur wenige »Volksgenossen«, meist stießen die flüchtigen und auf Beistand angewiesenen Juden auf taube Ohren. Ein jüdischer Witz zog resignierend Bilanz:

> Es wurde erzählt, ein Jude habe sich, als er bei einem aus seiner Schulzeit bekannten Freund um Unterschlupf bat und dieser ängstliche Bedenken äußerte, resigniert verabschiedet, nicht jedoch ohne eine Flasche Wein zurückzulassen. »Was soll ich damit?«, fragte der Freund verständnislos. »Dann kannst du später mit gutem Gewissen behaupten«, erklärte der Jude, »du hättest im Keller einen gewissen Oppenheimer versteckt gehabt!«

Wer von Himmlers Schergen eingefangen wurde, der fand sich bald in einem Viehwagen wieder, mit Kurs nach Osten. Zuweilen ging es erst in ein Zwischenlager, für viele war das Ziel der Reise aber sogleich die Selektionsrampe in Auschwitz. Tagtäglich starben dort bis zu 10.000 Menschen, ermordet in den Vergasungshallen. Bei aller Heimlichtuerei, die das grausame Morden umgab, waren Massentötungen in diesem Umfang kaum vor der deutschen Bevölkerung zu verbergen. Dennoch wird nicht jeder von der fürchterlichen Vernichtungspraxis gewusst haben, denn wissen kann nur der, der wissen will. Die Deutschen spielten das böse Spiel der drei Affen: Sie verschlossen die Ohren, die Augen, den Mund. Das im Namen der Volksgemeinschaft verursachte Leid wollten sie nicht wahrhaben, zu tief waren die Abgründe, die sich auftaten. Dies fand auch in den Beteuerungen der Kriegsgeneration noch lange nach Ende des Dritten Reiches Ausdruck, man habe nicht einmal von der Existenz der Lager gewusst. Dabei rauchten die Schlote der Krematorien sowohl im Osten als auch in der Nähe deutscher Kleinstädte. Wer dem Grauen ins Auge blicken wollte, der hatte dazu alle Gelegenheit, sogar direkt vor der eigenen Haustüre. Die Informationen, die schrecklichen Details, sie wurden nur unzureichend vor der Öffentlichkeit verborgen. In Amsterdam wussten die Juden sogar von den Gaskammern, wie folgender grausige jüdische Witz zeigt:

> *Prof. Asscher und Cohen [die beiden Chefs des Judenrats, denen immer wieder vorgeworfen wird, sich zu Handlangern der Nazis zu machen] werden zu den Nazis gerufen, und ihnen wird mitgeteilt, dass die Juden vergast werden sollen, worauf die erste Frage des Professors lautet: Liefert ihr das Gas oder sollen wir das machen?*[92]

Schwärzester Humor dieser Art war keine Seltenheit. Wie wir von dem nach Auschwitz verschleppten Berliner Jazzmusiker Coco Schumann hören, erzählten sich die Juden selbst in den KZs noch grausige Witze, um sich gegenseitig aufzumuntern. Ähnliches erfahren wir auch aus den Briefen eines ins Durchgangslager Westerbork verschleppten Amsterdamer Juden.[93]

---

92 BOLLE, S. 144
93 Vgl. BOLLE, S. 218

Kabarett im Angesicht des Todes –
Die Komiker Fritz Grünbaum und Kurt Gerron im KZ

Hinter den Zahlen, den etwa sechs Millionen Juden, die während des Dritten Reiches ermordet wurden, standen sechs Millionen Einzelschicksale. Da war zum Beispiel der pfiffige Komiker Fritz Grünbaum, der seit dem Einmarsch der Deutschen in Wien ein grauenhaftes Leben im KZ fristen musste. So plötzlich hatte dieses Schicksal nur wenige seiner Leidensgenossen erreicht. Zum Verhängnis war ihm seine unverkennbare Physiognomie geworden, der zierliche Wuchs und das Gesicht, das ihn aus Sicht der Nazis zum Paradesemiten machte. Auf ihn wurden wie kaum auf andere Wiener Juden die Hassfantasien der Braunen projiziert. Es konnte gar nicht schnell genug gehen, diesen kleinen, cleveren, selbstironischen Mann nach Dachau zu verfrachten. Von seiner Frau wurde Grünbaum für immer getrennt, vereint waren sie erst wieder im Tod. Im KZ erwartete den Endfünfziger härteste Strafarbeit, doch der Humor verging ihm nicht. Um sich und die Mitgefangenen aufzuheitern, gab er in der wenigen Freizeit, die ihm verblieb, Kostproben seiner kabarettistischen Kunst. Die Gefangenen dankten es ihm mit Applaus und kleinen Geschenken. In Buchenwald, wohin Grünbaum im September 1938 überstellt wurde, verschärften sich abermals seine Haftbedingungen. Dort verbrachte er den fürchterlichen Hungerwinter des ersten Kriegsjahres. Doch als seien die elenden Umstände noch nicht genug, sorgte ein unglücklicher Zufall dafür, dass die KZ-Haft noch unerträglicher wurde. Die Aufseher hatten den weit über Österreich hinaus bekannten Komiker erkannt. Nun wurde er nicht mehr in Ruhe gelassen.

Als perfider Zeitvertreib musste Grünbaum die SS-Männer auf Kommando zum Lachen bringen; wenn es nicht gelang, dann wurde er geschlagen. An Sadismus war dieses böse Treiben kaum mehr zu überbieten. Vor der Schwerstarbeit im Steinbruch, die er gewiss nicht lange überlebt hätte, bewahrten ihn glücklicherweise seine Mitgefangenen. Zuerst kam Grünbaum als Näher in die Strumpfstopferei. Dort wurde er aber nach kurzer Zeit wieder vertrieben, denn laut neuester Vorgabe der Lagerleitung war diese Aufgabe für Juden zu leicht. Stattdessen ließ die SS den kleinen Mann die Latrinen reinigen, der Einsatz nannte sich »Kolonne 4711«. »Gönnerhaft« gaben sich die Aufseher nur ein einziges Mal. Als sie den Komikerkollegen Paul Morgan zu Tode gequält hatten, durfte Grünbaum, zusammen mit dem Volkssänger Hermann Leopoldi, den Leichnam zum Lagertor tragen.[94]

Wer ein geborener Komiker ist, dem kann man die Späße durch keine Gewalt austreiben. Grünbaum scherzte über den quälenden Hunger: Systematische Unterernährung sei das beste Mittel gegen die Zuckerkrankheit. Doch konnte sein flapsiger Galgenhumor nicht darüber hinwegtäuschen, dass die Haft ihn zusehends geschwächt hatte. Im Oktober 1940 wurde er nach Dachau verlegt; zu diesem Zeitpunkt litt Fritz Grünbaum bereits an fortgeschrittener Magen- und Darmtuberkulose.[95] Seinen letzten Auftritt absolvierte er hier, hinter Stacheldraht. Für seine Mitgefangenen riss er derbe Witze und sang noch einmal seine berühmtesten Couplets. Nach dem lebhaften Auftritt, so berichtete es ein Augenzeuge, fiel

94 Vgl. TROLLER, S. 258
95 Vgl. LIEBE, S. 122

er erschöpft in sich zusammen. Ein Selbstmordversuch, den er wenige Tage später unternahm, misslang. Am 14.1.1941 starb der Starkomiker. Auf dem Totenschein wurde zynisch als Todesursache »Herzlähmung« vermerkt.

1941 fing sich das Glück auch für Kurt Gerron, den erfolgreichen Komiker und UFA-Regisseur, zu wenden an. Noch bis 1937 hatte er im holländischen Exil Spielfilme gedreht; außerdem erstellte er die holländische Synchronfassung des Disney-Zeichentrickklassikers *Schneewittchen und die sieben Zwerge*. Kurzum, er hatte fern der Heimat Fuß gefasst, seine Lebenstüchtigkeit unter Beweis gestellt. Doch die Niederlande wurden 1940 von den Deutschen besetzt. Auch hier zogen die Besatzer empfindlich die Schrauben an. Gerron stand bereits auf der schwarzen Liste der Nazis. Als das antisemitische Abziehbild, das die Nazis in ihm sahen, hatte er einen unfreiwilligen Gastauftritt im schlimmsten Hetzfilm des Dritten Reiches, dem berühmt-berüchtigten Machwerk *Der ewige Jude*. Dort erschien Gerron in einer kurzen Sequenz, die aus einem anderen Film herausgeschnitten worden war. In der Hand hielt er eine dampfende Suppe, die Oberarme waren entblößt, vor der Brust trug er eine Lederschürze. Der infame Kommentarton, der von den Machern des *Ewigen Juden* dazu beigesteuert wurde, belehrte den Zuschauer, dass »Filmjuden« wie Gerron »die Darstellung des Anrüchigen« liebten, um humoristische Wirkungen zu erzeugen. Serviert wurde der Hetzfilm dem holländischen Publikum in allen Kinos, auf besondere Weisung des deutschen Amtes für Volksaufklärung. So paradox und schlimm es klingt: *Der ewige Jude* war Gerrons letzter von einem großen Publikum gesehener Filmauftritt.

Auch Gerrons Bühnenkarriere neigte sich dem Ende zu. Zusammen mit seinem Freund Otto Wallburg, der in derselben Amsterdamer Pension untergekommen war wie er, hatte er an mehreren Exilkabarett-Abenden teilgenommen. In der Besatzungszeit waren solche Auftritte jüdischer Komiker und Schauspieler nur noch in der *Joodsche Schouwburg* möglich, einem Theater in der Amsterdamer Innenstadt, das vor dem Einmarsch der Deutschen *Hollandse Schouwburg* geheißen hatte. Jetzt sollten auf der Bühne – nach dem Willen der Nazis – ausschließlich Juden für Juden spielen. Das neoklassizistische Gebäude mit der Anschrift Plantage Midenlaan 24 erlangte bald traurige Berühmtheit – es wurde als Sammelort für die Deportationen in die Konzentrationslager missbraucht. Dort landete 1943 auch Kurt Gerron, der sich, nachdem das jüdische Theater geschlossen worden war, mühsam als Schauspiellehrer durchgeschlagen hatte. Man verfrachtete ihn ins Durchgangs-KZ Westerbork an der deutsch-holländischen Grenze. Von hier aus rollten die Transporte nach Osten; die verschleppten Menschen gelangten meist direkt in die Gaskammern von Auschwitz. In der Lagerhaft traf Gerron auf alte Bekannte, den Conférencier Willy Rosen und den Komiker Max Ehrlich. Auf Befehl des Lagerkommandanten, der sich gern als eine Art Kleinkunstmäzen sah, trat das Trio in einem eigens gegründeten KZ-Kabarett auf. Die erste Show, eine Produktion namens »Da Capo!«, wurde bald nach der Ankunft Gerrons vor einem Publikum, das aus den Häftlingen und der Wachmannschaft bestand, uraufgeführt. Das Westerbork-Kabarett wurde im Laufe des Jahres zu einer gespenstischen Institution. Schrecklicherweise, so berichteten es ehemalige Lagerinsassen, wurden die Vorstellungen immer einen Tag vor Abfahrt eines Viehwagentransports angesetzt. Ob Konrad Gemmeker, der Lagerleiter, die Termine aus purem Sadismus so legte, oder ob er damit die zu Tode verängstigten Lagerinsassen von ihrem Schicksal ablenken wollte, ist heute nicht mehr zu klären. Gutherzigkeit war diesem Menschen allerdings vollkommen fremd.

1944 wurde Gerron erneut in einen Viehwaggon gezwängt. Deutschland sah er nie wieder. Diesmal ging die Reise ins tschechische Terezin. Dass die Reise nicht sofort nach Auschwitz führte, verdankte er seinem Ruf als Filmemacher und Schauspieler. Wer Prominentenstatus hatte, dem wurde manchmal ein kurzer Aufschub, eine Galgenfrist vor dem Abtransport in ein Vernichtungslager gewährt. Gerron, so vermerkte es seine Akte, hatte sich im Ersten Weltkrieg an der Front bewährt – vielleicht ein weiterer Grund, dass er nicht sofort ins Gas geschickt wurde. Die vorletzte Etappe in Gerrons Leben führte ihn in eine kleine Stadt, die heute als Theresienstadt in schrecklichster Erinnerung ist. In Friedenszeiten war dieser ehemalige Vorposten des österreich-ungarischen Kaiserreichs kaum mehr als eine verschlafene Garnisonstadt gewesen, während der Nazizeit ging Theresienstadt als Standort eines der berüchtigsten KZs in die Geschichte ein. Reinhard Heydrich, Himmlers finsterer Vize, hatte in der alten Festungsanlage ein Vorzeigegetto für die aus ganz Europa verschleppten Juden eingerichtet. Ausländischen Besuchern wurde hier gerne vorgegaukelt, dass es den Inhaftierten unter Aufsicht der Deutschen gut gehe. Das KZ diente als Fassade, hinter der das Teufelswerk der »Endlösung« ungestört vollbracht werden konnte. Um einen guten Eindruck bei den ausländischen Kommissionen zu schinden, ließen sich Heydrichs Vollstrecker allerlei »Verbesserungsmaßnahmen« einfallen. Da das Lager meist hoffnungslos überfüllt war, verfrachtete die SS einen Großteil der Juden vor Ankunft der ausländischen Gäste nach Auschwitz. Auf dem Festungsgelände wurden dann schnell Cafés aufgemacht, und nebenan veranstalteten Häftlinge auf Befehl des Kommandanten Opernaufführungen. Sinn der makaberen Inszenierung: Es sollte der Anschein erweckt werden, es ginge den Juden in Gefangenschaft besser als manchem Soldaten an der Front. Tatsächlich wurde mit diesen Taschenspielertricks unter anderem das Rote Kreuz getäuscht, das auf Wunsch der dänischen Regierung Theresienstadt besuchte. Sobald sich die ausländischen Delegationen verabschiedet hatten, wurden die netten Kaffeestuben und Theater wieder abgebaut. Die Realität in Theresienstadt hatte mit Kaffeehauscharme nichts zu tun. Das Leben im KZ war schrecklich, menschenunwürdig, mörderisch. Von den etwa 144.000 Insassen des Lagers überlebte nur ein Bruchteil die Schreckensherrschaft der SS. In Theresienstadt grassierten Epidemien, die Häftlinge waren chronisch unterernährt. Allein im Jahr 1942 starben in Terezin 16.000 KZ-Insassen an Hunger und Krankheiten. Als Kurt Gerron diesen Vorhof der Hölle betrat, waren von dort bereits Abertausende in den sicheren Tod nach Auschwitz geschickt worden.

Gerrons Ruf war ihm sichtlich vorausgeeilt, denn auch in Theresienstadt wurde schon bald nach seiner Ankunft ein Kabaretttheater gegründet. Der Lagerkommandant, ein SS-Mann namens Karl Rahm, trug dem ehemaligen UFA-Regisseur die Leitung des merkwürdigen Etablissements an.

Ein Tempel der guten Laune passte wunderbar ins zynische Konzept der SS, denn es sollte in Theresienstadt ja nur um den schönen Schein gehen. Gerron taufte sein Kabarett *Das Karussell*, ein launiger Name, der nach Jahrmarktsrummel klang und doch einen schrecklichen Nachhall hatte, denn in Theresienstadt drehte sich nur ein Karussell, und das katapultierte jeden, den die SS auf ihre Todeslisten gesetzt hatte, geradewegs nach Auschwitz. Der permanenten Angst, abtransportiert zu werden, zum Trotz ging Gerron die neue Aufgabe ruhig und methodisch an. An Künstlern, die für das Vorhaben rekrutiert werden konnten, mangelte es im »Judengetto« nicht. Die Crème der jüdischen Theater- und Kunstszene war in der alten Festung interniert, vom Starkomponisten bis zum erstklassigen Conférencier und von glamourösen Coupletsängerinnen bis zu den gelenkigsten Artisten. Nicht zu Unrecht wurde *Das Karussell* als das hochklassigste deutschsprachige Kabarett der 40er-Jahre bezeichnet. Kurt Gerron ließ es sich natürlich nicht nehmen, selber auf die Bühne zu treten. Doch es waren nicht mehr die Goldenen Zwanziger: Vor dem Komiker aus dem *Blauen Engel* saßen nun ausgemergelte Gestalten im Häftlingsdrillich, bewacht von brutalen SS-Männern mit Totenkopfabzeichen.

Einmal wurde der Kabaretttruppe ein Saal für eine Aufführung zugewiesen, in der Dutzende nackter Leichen gestapelt waren. Groß war das Entsetzen, doch die Veranstaltung wurde nicht abgesagt. Da die *Karussell*-Truppe sich furchtbar vor den Toten ekelte, trommelte Gerron alle blinden Lagerinsassen zusammen und ließ sie eine lange Kette bilden. Die Blinden reichten die Leichen vom Saal aus die Treppe hinunter. Unten, am Treppenabsatz, wartete ein Karren, mit dem die Toten weggeschafft wurden. Da die Blinden die schrecklich entstellten Leichen nicht sehen konnten, fiel ihnen die makabere Aufgabe ein wenig leichter. Noch am selben Abend fand in dem Saal die große Kabarettshow statt, ein grotesker Totentanz, mitten im Theresienstädter KZ. Es war bizarr und durch und durch schizophren, an diesem Ort die großen Lacher zu provozieren. Gerron, der nichts mehr zu verlieren hatte, widmete sich seinen Produktionen mit voller Kraft.

»Der Führer schenkt den Juden eine Stadt« – Der Theresienstadt-Film

In der Tat waren die Veranstaltungen so erfolgreich, dass die SS im Sommer 1944 mit einem neuen Angebot auf den begabten Kabarettdirektor zukam. Diesmal sollte er zum ersten Mal seit vier Jahren wieder bei einer Filmproduktion auf dem Regiestuhl Platz nehmen. Titel des Projekts: *Theresienstadt: ein Dokumentarfilm aus dem jüdischen Siedlungsgebiet.* Für den Film, eine Erfindung des SS-Sturmbannführers Hans Günther, wurde ein Budget in Höhe von 35.000 Reichsmark bereitgestellt. Bis auf den letzten Pfennig stammte das Geld aus beschlagnahmten jüdischen Vermögen – eine bösartige Ironie nach Nazigeschmack, denn bei der »Dokumentation« handelte es sich um einen ganz besonders perfiden Propagandafilm. Der Film zeigte das KZ als schönes Utopia, als großes Sanatorium für Juden. Wieder sollten ausländische Beobachter, vor allem aus neutralen Ländern, über die wahre Beschaffenheit der Lager getäuscht werden. Das Drehbuch sah Szenen in Theresienstädter Cafés und (freilich nicht vorhandenen) Amüsiermeilen vor. Auch von einem Krankenhaus und anderen nützlichen Einrichtungen sollte berichtet werden. Dass die Häftlinge wie die Fliegen starben, reihenweise in die Gaskammern nach Auschwitz geschickt wurden, all dies war freilich kein Thema des infamen Pseudodokumentarfilms.

Kurt Gerron wurde gezwungenermaßen zum Handlanger der Nazis. Er erfüllte die ihm gestellte Aufgabe mit der gewohnten Gründlichkeit und Hingabe, eine andere Wahl hatte er ohnehin kaum. Für eine Szene stellte sich Gerron sogar selbst vor die Kamera: In einem Freilichtvarieté auf einer Wiese außerhalb der Gettomauern trat er neben einem Musikduo und einem Kabaretttrio auf. Sein letztes Gastspiel als Kabarettist, das an diesem Tag auf Film gebannt wurde, ist heute verschollen. Nach dem Krieg wurde Gerrons letztes Werk, das nur noch in Fragmenten bestand, als *Der Führer schenkt den Juden eine Stadt* international bekannt und berüchtigt. Bis heute ist unklar, wie der Film zu seinem neuen, zynischen Titel kam. Er war wohl eine Erfindung der Lagerinsassen selbst; von der SS stammte der Titel jedenfalls mit einiger Sicherheit nicht. Karel Margry hält ihn für ein Paradebeispiel jenes finsteren Galgenhumors, der unter den Juden im Lager weit verbreitet war.[96] Tatsächlich bestätigte auch der Berliner Jazzmusiker Coco Schumann, der Theresienstadt und Auschwitz überlebte, dass die Häftlinge untereinander gerne Witze erzählen, einer schwärzer als der

---

96 Vgl. MARGRY S. 340

andere. Die These von der Titel-Urheberschaft der Lagerin-sassen ist daher keinesfalls abwegig.

Die Geschichte des Theresienstadt-Films endete, wie konnte es anders sein in Heinrich Himmlers Albtraumwelt, mit einer Tragödie. Die vielen Akteure, die vor der Kamera eine heile Welt vorgespielt hatten, wurden nach Auschwitz deportiert und ermordet. Kurt Gerron, der Regisseur, war Ende Oktober an der Reihe. Manche Zeitzeugen berichten, Gerron habe sein Todesurteil mit Stolz und Fassung getragen. Andere berichten, er sei vor Abfahrt des Viehwagens zu einem Aufseher gelaufen und habe auf Knien um sein Leben gefleht. Wie immer sich die letzten Stunden Gerrons zugetragen haben, fest steht, dass er am 28. Oktober 1944 in einem Transport von Theresienstadt nach Auschwitz gebracht wurde. Er wurde gleich bei seiner Ankunft ins Gas geschickt. Mit ihm ermordet wurde auch der schwer kranke Komiker Otto Wallburg, den die Nazis ebenfalls im besetzten Holland aufgegriffen hatten. So fanden zwei der ganz großen Stars der Weimarer Zeit ein klägliches, ein grausames Ende. Nur zwei Tage später wurde das Endlösungsprogramm in Auschwitz für immer eingestellt.[97] Gerrons Film wurde von dem tschechischen Kameramann Karel Pecený fertiggestellt, geschnitten wurde er von dessen Landsmann Ivan Fric. Nur wenige Aufführungen der durchinszenierten »Dokumentation« sind bekannt, getäuscht hat sie jedenfalls gegen Kriegsende, als die KZ-Gräuel der Nazis bereits der ausländischen Öffentlichkeit bekannt war, niemanden mehr.

---

97 Vgl. LIEBE, S. 216

VII. »AUSCHWITZ-GELÄCHTER«? HUMOR UND NATIONAL-SOZIALISMUS VON DER NACHKRIEGSZEIT BIS HEUTE

Die unmittelbare Nachkriegszeit und die Entwicklung bis zu Beginn der 90er-Jahre

In der unmittelbaren Nachkriegszeit herrschte in Deutschland Hunger und Chaos. Was geschehen war, das schien den Menschen nebensächlich, denn nun ging es für die selbst ernannte »Herrenrasse« ums nackte Überleben. Die Zeit verging, und Deutschland wurde aufgeteilt, im Westen entstand das Wirtschaftswunder, im Osten der Sozialismus. Die Westler wollten sich an nichts erinnern, denn sie waren damit beschäftigt, einen reichen Industriestaat aufzubauen; die Ostler mussten sich an nichts erinnern, denn nach DDR-Interpretation gab es Nazis ja nur im Westen. So sind aus den späten 40er- und frühen 50er-Jahren nur wenig neue politische Witze über die Nazizeit bekannt. Dafür gab es, wie die Auschwitz-Überlebende Ruth Klüger berich-

tete, unappetitliche Scherze über die Juden, die zurück-
kehrten, um ihr geraubtes Eigentum einzufordern. In Wien
wurde gefragt: »Na? Ist d e i n Jude schon wieder zurück?«[98]
Manche Menschen hatten nichts dazugelernt – nicht weil
sie dumm waren, sondern weil sie nichts lernen wollten.
So boxten sich die unseligen »Hundertfünzigprozentigen«
rasch wieder nach oben – auf beiden Seiten des geteilten
Deutschlands. Kurzum, es war eine Zeit, in der eine hässli-
che Oberflächlichkeit eingekehrt war, in der die Deutschen
Scheuklappen trugen und in der antisemitische Rohheiten
nach wie vor salonfähig waren.

Der Wille zur Veränderung kam im Westen erst mit dem Generationenwechsel. In den 60ern und 70ern wurde die trübe
Vergangenheit endlich aufgearbeitet – nicht, weil die Kriegsgeneration, die sich heftig wehrte, dies wünschte, sondern
weil es die jungen Menschen einklagten. Im Verlauf dieses
schmerzhaften Prozesses taten sich bodenlose Abgründe auf.
Gebetsmühlenartig wiederholten die Älteren: »Wir haben
nichts gewusst!«, eine Position, die die meisten bis zur ihrem
Tod nicht räumten. In dieser emotional aufgeladenen Phase
konnte nicht über Hitler gelacht werden, es wäre ein Ding der
Unmöglichkeit gewesen. Was die Darstellung des Holocaust
in der Kunst anbelangte, bildeten sich drei ungeschriebene
Gesetze heraus, drei »Konventionen«, die der New Yorker An-
glist Terrence Des Pres so formulierte:

1. *Der Holocaust soll als eine eigene Totalität dargestellt werden, als ein einzigartiges Ereignis, als ein Sonderfall und ein*

---

98 Vgl. KLÜGER, S. 62 f.

abgezirkelter Bereich, vor oder nach aller Geschichte oder ge-
trennt von ihr.

2. Darstellungen des Holocaust haben so genau wie möglich zu
sein und den Fakten und Bedingungen des Ereignisses gerecht
zu werden; es gibt keine legitimen, auch keine künstlerischen
Gründe für Veränderungen oder Manipulationen.

3. Man soll sich dem Holocaust als einem bedeutenden, viel-
leicht sogar religiösen Ereignis nähern, mit einer Ernsthaf-
tigkeit, die alle Reaktionen ausschließt, von denen seine au-
ßergewöhnliche Bedeutung verdunkelt oder der Tod so vieler
Menschen entehrt werden könnte.[99]

Natürlich gab es Brüche dieser Konventionen, die aber sehr
unterschiedlich bewertet wurden. Vereinzelt bekamen Filmemacher und Komiker die »Lizenz«, sich über das Hitler-
Regime lustig zu machen. *Der große Diktator* wurde von den
deutschen Nachkriegsrezensenten für unbedenklich befunden. Kein Kritiker mochte Chaplin, der nicht ohne Grund
schon zu Lebzeiten eine angelsächsische Ikone war, verrei-
ßen. Dass er beste Absichten gehabt hatte, als er den Film
machte, wurde allgemein anerkannt. Auch wenn der Film
zu den lustigsten Komödien aller Zeiten gehört, war die Mo-
tivation Chaplins eine ernsthafte: nämlich auf die Gefähr-
lichkeit des Naziirrsinns hinzuweisen. Anerkannt wurden
auch die Absichten Billy Wilders, in dessen genialer Komödie *Eins, zwei, drei* aus dem Jahr 1961 allerlei schräge, hacken-
schlagende Nazigestalten auftauchen.

---

99 Vgl. LASTER/STEINERT, S. 184 f.

Andere Produktionen nahm die deutsche Kritik allerdings viel genauer unter der Lupe. Die Maßstäbe, nach denen das Genre der Anti-Hitler-Komödie bewertet wurde, veränderten sich aber im Laufe der Zeit. Je mehr Jahre verstrichen, desto entspannter blickte man auf Darstellungen des »lächerlichen Führers«. Kathy Laster und Heinz Steinert fügten, um der neuen Stimmung gerecht zu werden, in einem Aufsatz über die »neue Moral in der Darstellung der Shoa« zwei weitere Regeln zu Des Pres' Konventionen hinzu:

> 4. *Darstellungen des Holocaust sollen im Bereich der »Hochkultur« stattfinden. Populäre Produkte sind automatisch verdächtig und jedenfalls weniger bedeutend. Komödien sprechen meist ein Publikum an, das nicht zwangsläufig hoch gebildet ist, und haben es daher schwerer, zur Hochkultur gerechnet zu werden.*

> 5. *Der Künstler soll die richtige Haltung und die richtige Motivation haben: Altruismus, beste Absichten, die richtigen moralischen und didaktischen Ziele. Selbst wenn das Produkt komisch ist, soll der Künstler die angemessene Ernsthaftigkeit beweisen.*[100]

Bereits Ende der 60er-Jahre hatte sich Mel Brooks über alle ungeschriebenen Pietätsregeln hinweggesetzt. Zwar stand in seinem Film *The Producers* (1968) nicht der Holocaust im Mittelpunkt, doch die Story war alles andere als politisch korrekt. Zwei Broadway-Produzenten wollen Investoren um ihr Geld betrügen. Um ihre kriminellen Machenschaf-

---

100 Vgl. LASTER/STEINERT, S. 186 f.

ten zu verdecken, beschließen sie, absichtlich einen riesigen Flop zu produzieren. Ihr Kalkül: Bei einem wirtschaftlichen Misserfolg würde die Buchhaltung nicht überprüft werden, die Spuren ihres Betrugs würden dadurch verwischt. Um für einen größtmöglichen Misserfolg zu sorgen, betrauen sei einen notorischen Neonazi mit der Aufgabe, ein Musical zu schreiben. Als der bizarre Eigenbrödler das unsägliche Stück *Springtime for Hitler* abgibt, glauben die Produzenten, ihr betrügerisches Spiel sei gewonnen. Doch das vom Autor völlig ernst gemeinte Stück, in dem Nazis in Strapsen herumtanzen, wird zu einem riesigen Lacherfolg. Die Betrügereien der zwei Produzenten fliegen auf und die zwei Männer landen im Gefängnis.

»Angemessene Ernsthaftigkeit«, davon ist in Mel Brooks' Popcornspektakel nichts zu bemerken. »Hochkultur« ist der Film freilich auch nicht. Doch der freche, unkonventionelle Film wurde vom Publikum goutiert. Zu Recht bekam Mel Brooks dafür sogar den Oscar für das beste Drehbuch. »Wenn man sich auf eine Seifenkiste stellt und mit einem Diktator streitet, kann man nicht gewinnen [...] Wenn man ihn aber lächerlich macht, ihn von seinem hohen Ross herunterholt, kann er nicht gewinnen«, kommentierte der Regisseur seine Haltung. Da der Film äußerst gelungen war, pflichtete ihm die Kritik vorbehaltlos bei. *The Producers* war zudem ein amerikanischer Erfolgsfilm, noch dazu von einem jüdischen Regisseur. Bei einer heimischen Produktion, der ein entscheidender »Vertrauensvorschuss« gefehlt hätte, wäre das Urteil gewiss nicht so milde ausgefallen. Die heikle Sache mit dem »lächerlichen Führer« war nicht ausgestanden, vor allem nicht in Deutschland

Mel Brooks wenig gelungenes Remake des Lubitsch-Films *Sein oder Nichtsein* aus dem Jahr 1983 stieß hingegen auf ebenso freundliche Reaktionen. Dies bedeutete aber nicht, dass angelsächsische Produktionen über alle Kritik erhaben waren. 1990 schwappte eine Welle der Entrüstung bis nach Deutschland. Der Grund für die Aufregung: Der britische Satellitenkanal Galaxy hatte eine Sitcom ausgestrahlt, in der Adolf Hitler als Vorstadtbiedermann reüssiert. In *Heil, Honey, I'm home* wohnen der »Führer« und Eva Braun, die beide den Krieg überlebt haben, in einer spießigen Reihenhaussiedlung. Hitler befindet sich im Dauerclinch mit seinen Nachbarn, dem jüdischen Ehepaar Goldenstein. Der Diktator als kleinkarierter Erbsenzähler, als Schreihals von nebenan – aus diesem Konzept strickten die Autoren der flapsigen Sitcom allerlei einfältige Gags. Die britische Presse war »not amused«. Ihr vernichtendes Urteil: Die Serie trivialisiere den Holocaust und beleidige die britischen Überlebenden der Kriegsverbrechen. Der Sender, vom allgemeinen Protest aufgeschreckt, zog die allzu geschmacklos geartete Sitcom zurück. So wurde nur der erste von acht Teilen gezeigt; Ausschnitte liefen allerdings in der später produzierten Show *100 Greatest TV Moments from Hell,* eine Aufzählung der peinlichsten Fernsehprogramme aller Zeiten.

Das Ende eines Tabus
Walter Moers' »Adolf, die Nazi-Sau« und
Robert Benignis »Das Leben ist schön«

Sicher keine guten Vorzeichen sind so einhellige Verrisse
für einen Star der internationalen Comedyszene, der sich
an ein besonders heikles Thema herantrauen will. Roberto
Benigni, vor allem als Komiker weit über Italien hinaus bekannt, drehte 1997 *La vita è bella*. Thema der Komödie: der
Holocaust. Ein noch schwierigerer Drahtseilakt wäre kaum
vorstellbar gewesen. Dabei fängt Benignis Film verhältnismäßig harmlos an: Mit viel Sinn fürs Detail wird die Geschichte des charmanten Fantasten Guido aus Arezzo erzählt. Der Held spannt dem örtlichen Parteisekretär durch
allerlei Tricks die schöne Dora aus. Dabei hilft ihm seine
Auffassungsgabe, durch die er das scheinbar Unmögliche
wirklich machen kann. Mit viel Chuzpe wird der Bösewicht
elegant ausgestochen. So sehr verliert sich Guido in seiner
Fantasiewelt, dass er gar nicht bemerkt, wie sich die politische Großwetterlage um ihn herum ändert. Die Braut ent-
führt er auf dem Pferd seines jüdischen Onkels, das gerade
von Nazis mit Hetzparolen vollgepinselt worden ist. Doch
Guido interessiert sich nur für die angehimmelte Dora, den
Hass der Antisemiten ignoriert er. Im zweiten Teil des Films
holt die Realität ihn umso unerbittlicher ein. Guido und
Dora sind inzwischen verheiratet und haben einen Sohn,
Giosuè. Eines Tages werden die Juden der Stadt Arezzo auf
Anordnung der Deutschen zusammengetrieben und in ein
KZ deportiert. Auch Guido, Dora und Giosuè werden ver-
schleppt. Die Kulisse für die folgenden Sequenzen ist ein
fiktionales KZ, das entfernt Auschwitz ähnelt.

Guido hat sofort begriffen, dass es nun nicht nur um sein Leben, sondern auch um das seiner Frau und des kleinen Giosuè geht. Dem Sohn, den er nicht beunruhigen möchte, gaukelt er vor, der NS-Terror sei in Wirklichkeit ein großes Spiel, bei dem es gelte, möglichst viele Punkte zu sammeln. Punkte gibt es beispielsweise dafür, dass sich der Sohn den ganzen Tag versteckt, während Guido zur Zwangsarbeit abgeführt wird. So entgeht Giosuè, ohne von allem Schrecken zu ahnen, der Gaskammer. Als Preis für den erfolgreichen Abschluss des Spiels verspricht Guido dem Kleinen einen echten Panzer. Den »gewinnt« er schließlich auch, als die Amerikaner das Lager befreien. Für Guido kommt die Rettung zu spät, er wird kurz vor Ankunft der Befreier von der SS erschossen.

Harter Tobak war die Story allemal; Auschwitz als Schauplatz einer tragikomischen Handlung, das hatte es noch nie gegeben. Der Regisseur und Hauptdarsteller des Films war bis zu diesem Zeitpunkt vor allem durch harmlos-platte Komödien aufgefallen. Noch dazu war er aus Italien, einem Staat, der zur »Achse« gehört hatte. Galgenhumor, so formulierten es Laster/Steinert, steht nur dem Verurteilten zu, nicht einem unbeteiligten Nachgeborenen. Dies machte das Projekt doppelt problematisch.[101] Benigni wird klar gewesen sein, dass er ein hohes Risiko eingegangen war. Doch der große Sturm der Entrüstung blieb aus. Die wenigen Verrisse, die es gab, waren eher milde formuliert. Selbst die kritischsten Zuschauer mussten einräumen, dass der kitzlige Balanceakt geglückt war. Benigni hatte den Film bravou-

---

101 Vgl. LASTER/STEINERT, S. 183

rös und mit viel Fingerspitzengefühl inszeniert. Zu keinem Zeitpunkt wirkte *La vita è bella* effekthascherisch, verharmlosend oder geschmacklos. Wenn es Vorwürfe gab, dann kreisten diese meist um die wenig realistische Darstellung des Konzentrationslagers. Tatsächlich ähnelt Benignis Auschwitz nur schemenhaft dem historischen Vernichtungslager. Nur andeutungsweise wurde eine stillgelegte Fabrik zum KZ-Set umfunktioniert. Die exzessive Gewalt des Wachpersonals und das fabrikmäßige Morden werden eher am Rande thematisiert. Die Zeitung *The New Yorker* monierte prompt, Benigni betreibe Geschichtsfälschung – weder sei es in den Vernichtungslagern so ruhig zugegangen, noch hätten in Auschwitz Kinder gelebt.[102]

Der amerikanische Verleih reagierte nervös auf die Kritiken und stellte dem Film einen Text vorweg, in dem er ausdrücklich auf den fiktionalen Charakter der Handlung hinwies. Doch war diese Maßnahme vollkommen überflüssig. Zu jedem Zeitpunkt ist klar, dass *La vita è bella* eine Märchenhandlung erzählt. Gerade der Ansatz, den Holocaust so konsequent zu stilisieren, macht den Film so wirksam. Ohnehin hat jeder die schrecklichen Bilder aus Auschwitz im Kopf. Was im Film nur skizzenhaft dargestellt wird, kann der Zuschauer unschwer ergänzen. Während der ersten Hälfte des Films, in der Guido durch eine romantische Verwicklungsgeschichte stolpert, baut Benigni eine enorme Fallhöhe auf. Zu dem Zeitpunkt, an dem die Familie deportiert wird, haben wir die drei Hauptfiguren ins Herz geschlossen. Ihr Sturz ins Bodenlose, der Weg

---

102 Vgl. LASTER/STEINERT, S. 190

durch Hitlers Vernichtungslager, muss nicht bis ins letzte Detail bildlich und am historischen Original klebend dargestellt werden, denn wirksam ist die schicksalhafte Wendung, der Einbruch des Grauens in Guidos heile Welt, auch so. Benigni tappt nicht in die Falle, mitten im Film einen fundamentalen Stilbruch zu begehen. Dadurch, dass das Märchenhafte konsequent durchgehalten wird, dass vieles chiffrenhaft bleibt, kann der Film in der Fantasie der Zuschauer arbeiten.

La vita è bella ist trotz der Ermordung des Protagonisten ein Film über das Überleben. Die Hoffnung, die trotz des Grauens nicht erlischt, manifestiert sich in der Figur des unschuldigen Buben Giosuè. Hinter der Fratze des Bösen steckt etwas Lächerliches, Banales, das vergänglich ist und irgendwann niedergerungen wird. Auch wenn es Guido mit sich in den Abgrund reißt, Giosuè wird leben, er wird in einer Welt ohne Nationalsozialismus aufwachsen. Das mag einfältig klingen, doch Märchen dürfen verträumt sein, es ist Teil ihres Wesens. Benignis versöhnlicher, komischer und tief trauriger Film gewann 1997 vier Oscars – eine berechtigte Anerkennung für die sensible Aufarbeitung des Holocaust-Traumas, die zu keinem Zeitpunkt ins Triviale abgleitet.

Wundersam milde urteilte die Kritik auch über eine drastische Hitler-Satire, Walter Moers' Comic *Adolf, die Nazi-Sau* aus dem Jahr 1998. Dabei war der Inhalt dieses wüsten Spektakels alles andere als leichte Kost. »Adolf«, wie stets mit Scheitellocke und Bürstenbart, hat den Krieg überlebt und kriecht im Deutschland der Gegenwart aus seinem Gullyversteck heraus. Doch die postmoderne Welt überfordert den ewiggestrigen Diktator. Eine bizarre Verwicklung reiht sich an die nächste. Mal bekommt der cholerische Ex-»Führer« im Kochstudio einen Wutanfall, weil er Alfred Biolek versehentlich für einen Juden hält, mal lässt er sein Tamagochi verhungern, weil es aus Japan stammt. (»Dä Japsen! Älländä Verräter!«, brüllt er, »wägen zwei läppischen Atombomben wärfen sie das Handtuch!«) Trost spendet nur der alte Kumpan Hermann Göring, der jetzt als dicke Transe in St. Pauli anschaffen geht. Zuspruch hat dieser »Adolf« dringend nötig, denn Moers schickt den Wiedergänger mit dem Seitenscheitel auf einen gnadenlosen Trip. An allen Klischees der modernen Medienwelt muss sich Adolf abarbeiten, ob's Prinzessin Diana ist oder ob es um Außerirdische geht, die Hausfrauen entführen. Heiser und zutiefst verstört irrt der arbeitslose Diktator durch ein Land, das mit einem wie ihm nichts mehr anzufangen weiß. Seine Frustration schreit er sich aus dem Leib. Als er »Hey Jude« von den Beatles hört, meint er gleich, es ginge wieder um »dä Joden«. Doch seine Brüllerei interessiert keinen mehr in dieser überdrehten, grellen Comiclandschaft. Das postmoderne Deutschland mit seinem endlosen Talkshowgefasel mag oberflächlich sein, doch Platz für einen »Führer« gibt es hier nicht. Mehr als ein Schattendasein darf Moers' Gurkennasen-Hitler in dieser neuen Welt, die ihm so fremd geworden ist, nicht fristen.

»Die wirklichen Adolf-Fans finden's freilich ebenso wenig komisch wie der Antifaschist«, schrieb *Die Junge Freiheit* über den Adolf-Comic. Mit einer eigenen Meinung wagte man sich aber weder hier noch sonst in der deutschen Presse hervor. Kein Kritiker wollte sich dazu bekennen, Moers' schrilles Werk für gut befunden zu haben. Schlechtes wurde aber auch nicht geschrieben; allenfalls wurde eingestreut, Michel Friedman, damals Vize im Zentralrat der Juden, habe den Comic als »misslungen« bezeichnet. Das endgültige Urteil über *Adolf, die Nazi-Sau* sprachen die Leser, die den schmalen Band begeistert aus den Regalen rissen. 170.000 Exemplare gingen insgesamt über den Ladentisch.

Darf man über Hitler lachen?

Mit dem Generationenwechsel hat sich auch in Deutschland das Verhältnis zur Darstellung des »lächerlichen Führers« entkrampft. Inzwischen darf selbst der Blödelbarde Helge Schneider Hitler spielen. Noch vor wenigen Jahren hätte dies als ungehöriger Affront gegolten, heute wird milder geurteilt. Was früher nur im Ausland möglich war, wird nun auch hier akzeptiert und toleriert. Die Entrüstung der Medien wirkt gespielt, ohne die ideologische Fracht der 8oer-Jahre. Die Distanz der Jahre hat dafür ihr Übriges getan. Mit unvoreingenommenen Augen erkennt man in den Propagandafilmen des Dritten Reichs nicht nur das Monströse dieser Zeit, sondern auch das abgrundtief Lächerliche. Dadurch wird nicht der Holocaust verniedlicht. Im Gegenteil: Man fragt sich, wie denn Menschen für diesen Schreihals mit Bürstenbart solche unvorstellbaren Verbrechen begehen konnten. Die Zeit der Dämonisierung ist lange vorbei. Doch dadurch wird die Frage, wie es denn so weit kommen konnte, nicht leichter zu beantworten, sondern schwerer. Rätselhaft wirkt die Begeisterung der Menschen für ihren »Führer«, den wir nur aus merkwürdigen Wochenschau-Auftritten kennen.

Also: Darf über Hitler gelacht werden? Ist eine Komödie wie Mel Brooks' *The Producers* unmoralisch? Wohl kaum, denn in dem Film wird ja nicht der Holocaust humoristisch kleingeredet, sondern die Person Hitler auf Lebensgröße heruntergestutzt – so begegnet ihm der Zuschauer ganz anders als dem bösen Dämon, als den ihn die Geschichtsschreibung der 50er-Jahre gerne sah. Die Deutschen waren in der Nazizeit weder von einem bösen Geist besessen, noch hatte sie ihr Führer kollektiv »hypnotisiert«. Die verminderte Schuldfähigkeit eines Hypnotisierten kann man ihnen nicht zugestehen. Wenn man über Hitler lacht, dann beraubt man ihn auch der metaphysisch-dämonischen Fähigkeiten, die ihm die Nachkriegsapologeten andichteten. Umso bohrender stellt sich die Frage, wie bei allem hohlen Budenzauber der Nazis, der in vielerlei zeitgenössischen Glossen und literarischen Zeugnissen trefflich entlarvt worden ist, der Holocaust am Ende der Entwicklung stehen konnte.

Auch das nach dem Krieg oft vorgetragene Argument, man habe im Dritten Reich die demagogischen Winkelzüge Hitlers nicht durchschaut und sei daher leichter »verführbar« gewesen, hat sich bei näherer Betrachtung als haltlos erwiesen, denn der jeder Imperatorenpose beraubte »lächerliche Führer« ist, wie gezeigt wurde, beileibe keine Erfindung der Nachkriegszeit. Karikaturen kursierten noch in der frühen Nazizeit, in denen Hitler als kleiner Schreihals, als Westentaschendiktator bloßgestellt wird. Die vielen despektierlichen Witze, die über das Führungspersonal des Dritten Reichs im Umlauf waren, erlauben denselben Rückschluss – die Deutschen waren keineswegs willenlose Opfer der Propaganda, weite Kreise durchschauten schon damals die Gaukelei, die ihnen von Goebbels und Konsorten vorgespiegelt wurde. Dies änderte aber nichts daran, dass ihr Land im Laufe von nur wenigen Jahren in einen Strudel des Verbrechens hinabgezogen wurde.

Literaturverzeichnis

Allert, Tilman: *Der deutsche Gruß – Geschichte einer unheilvollen Geste*, Berlin, 2005 (Eichborn Berlin)

Anonyma: *Eine Frau in Berlin – Tagebuchaufzeichnungen vom 20. April bis 22. Juni 1945*, Frankfurt/M., 2003 (Eichborn)

Blasius, Anke: *Der politische Sprachwitz in der DDR*, Hamburg, 2003, in: »Philologia«, Bd. 54 (Verlag Dr. Kovac)

Bolle, Mirjam: *»Ich weiss, dieser Brief wird dich nie erreichen« – Tagebuchbriefe aus Amsterdam, Westerbork und Bergen-Belsen*, Berlin, 2005 (Eichborn Berlin)

Broer, Wolfgang: *Wort als Waffe – Politischer Witz und politische Satire in der Republik Österreich (1918–1927)*, Wien, 1973 (Verlag der wiss. Gesellschaften Österreichs)

Danimann, Franz: *Flüsterwitze und Spottgedichte unterm Hakenkreuz*, Wien, 2001 (Ephelant Verlag)

Fest, Joachim: *Hitler*, Frankfurt/M. u. Berlin, 1973 (3. Aufl., 1992; Ullstein-Verlag)

Finck, Werner: *Alter Narr, was nun?*, München, 1992 (Herbig-Verlag)

Finck, Werner (2): *Spaßvogel – Vogelfrei*, Berlin, 1991 (Henschel-Verlag)

Focke, Harald u. Monika Strocka: *Alltag der Gleichgeschalteten – Wie die Nazis Kirche, Kultur, Justiz und Presse braun färbten*, Reinbek bei Hamburg, 1985 (Rowohlt-Verlag)

Fyne, Robert: *The Hollywood Propaganda of World War II*, Metuchen, NJ, 1994 (The Scarecrow Press)

Gamm, Hans-Jochen: *Der Flüsterwitz im Dritten Reich*, München, 1963 (überarb. u. erweiterte Ausg. 1990; List-Verlag)

Grimmelshausen, Hans Jakob Christoffel von: *Der abentheurliche Simplicissimus teutsch*, Weinheim, 1988 (Nachdr. der Erstausgabe v. 1668 bei VCH)

Hahn, Fred: *Lieber Stürmer! – Leserbriefe an das NS-Kampfblatt 1924 bis 1945*, Stuttgart, 1978 (Seewald-Verlag)

Hanfstaengl, Ernst: *Hitler in der Karikatur der Welt*, Berlin, 1933 (Verlag Braune Bücher)

Hartmann, Rudi: *Flüsterwitze aus dem Tausendjährigen Reich*, München 1983 (Knaur-Verlag)

Hertling, Viktoria, Wolf Koepke u. Jörg Thunecke (Hrsg.): *Hitler im Visier, Literarische Satiren und Karikaturen als Waffe gegen den Nationalsozialismus*, Wuppertal, 2005 (Arco-Verlag)

Hippen, Reinhard: *Satire gegen Hitler – Kabarett im Exil*, Zürich, 1986 (pendo-Verlag)

Hirche, Kurt: *Der braune und der rote Witz*, Düsseldorf/Wien, 1964 (Econ-Verlag)

Kleinhans, Bernd: »Propaganda im Film des Dritten Reichs«, in: *www.shoa.de/filmpropaganda.html*, 2004

Klemperer, Victor: *Ich will Zeugnis ablegen bis zum letzten. Tagebücher 1933–1945*, hrsg. v. Walter Nowojski, 3. Aufl., Berlin 2005 (Aufbau TB)

Kluger, Ruth: *Landscapes of Memory – a Holocaust Girlhood remembered*, London, 2001 (Bloomsbury)

Koch, Hannsjoachim W.: *Volksgerichtshof – politische Justiz im 3.Reich*, Tübingen, 1988 (Universitas-Verlag)

Kogon, Eugen: *Der SS-Staat – Das System der deutschen Konzentrationslager*, München, 1974 (Heyne-Verlag)

Körner, Torsten: *Ein guter Freund – Heinz Rühmann*, Berlin, 2001 (Aufbau-Verlag)

Kreimeier, Klaus: »Antisemitismus im nationalsozialistischen Film«, in: *Jüdische Figuren in Film und Karikatur*, Stuttgart, 1995 (Jan-Thorbecke-Verlag)

Kühn, Volker: *Deutschlands Erwachen – Kabarett unterm Hakenkreuz 1933-1945*, Berlin, 1989 (Quadriga-Verlag)

Landmann, Salcia: *Jüdische Witze – ausgewählt und eingeleitet von Salcia Landmann*, München, 1983 (DTV)

Laster, Kathy u. Heinz Steinert: »Eine neue Moral in der Darstellung der Shoah? – Zur Rezeption von ›La vita è bella‹«, in: *Lachen über Hitler – Auschwitz-Gelächter?*, Frankfurt/M., 2003 (Edition Text + Kritik), S. 181–197

Liebe, Ulrich: *Verehrt, verfolgt, vergessen – Schauspieler als Naziopfer*, Berlin, 1992 (neu ausgest. Ausgabe 1995; Quadriga-Verlag)

Lucas, Robert: *Teure Amalie; vielgeliebtes Weib! – Briefe des Gefreiten Hirnschal*, Frankfurt/M. 1984 (Fischer-Verlag)

Margry, Karel: »Das Konzentrationslager als Idylle: ›Theresienstadt‹ – Ein Dokumentarfilm aus dem jüdischen Siedlungsgebiet, in: *Auschwitz – Geschichte, Rezeption und Wirkung*, Jahrbuch 1996 zur Geschichte und

Wirkung des Holocaust, Frankfurt am Main, New York, 1996, S. 319–352.

Mills, Robert William: *The American Films of Ernst Lubitsch – A Critical History*, Ann Arbor, 1976 (Diss. Univ. of Michigan)

Moers, Walter: *Adolf, die Nazi-Sau*, Frankfurt/M., 1998 (Eichborn)

Muliar, Fritz: *Melde gehorsamst das ja! – Meine Lebensabenteuer*, Graz, 2003 (Steyria)

Müller, Oskar: *Ein Leben in und für Christus – Leben, Wirken, Leiden und Opfertod des Pfarrers Joseph Müller*, Groß Düngen u. Celle, 1948 (Eigenverlag)

Plauen, E. O. (= Erich Ohser): *Politische Karikaturen, Zeichnungen, Illustrationen und alle Bildgeschichten von Vater und Sohn*, Konstanz, 2000 (Südverlag)

Rühmann, Heinz: *Das war's – Erinnerungen*, Berlin, 1985 (Ullstein-Verlag)

Sauder, Georg: *Die Bücherverbrennung 10. Mai 1933*, München, 1983 (Carl-Hanser-Verlag)

Scharf-Wrede, Thomas: *»Pfarrer Joseph Müller – Zeuge für Jesus Christus«*, Hildesheim 1994 (Sammlung Bistumsarchiv Hildesheim)

Schnelle, Frank: *Charles Chaplin's »Der Grosse Diktator«*, Stuttgart, 1994 (Verlag Robert Fischer + Uwe Wiedleroither)

Sellin, Kurt: *Geflüstertes – die Hitlerei im Volksmund*, Heidelberg, 1946 (Freiheit Verlag)

Shirer, William L.: *The Rise and Fall of the Third Reich*, N. Y., 1950 (34. Aufl., 1992, Random House)

Spaich, Herbert: *Ernst Lubitsch und seine Filme*, München, 1992 (Heyne Verlag)

Steinert, Marlies: *Hitler*, München, 1994 (Verlag C. H. Beck)

Süß, Wilhelm; *Lachen, Komik und Witz in der Antike*, Zürich, 1969 (Artemis Verlag)

Troller, Georg Stefan: *Das fidele Grab an der Donau – mein Wien 1918–1938*, Düsseldorf u. Zürich, 2004 (Artemis & Winkler)

Wiener, Ralph: *Gefährliches Lachen Schwarzer Humor im Dritten Reich*, Reinbek bei Hamburg, 1994 (Rowohlt-Verlag)

Wiener, Ralph (2): *Als das Lachen tödlich war*, Rudolstadt, 1988 (Greifen-Verlag)

Wöhlert, Meike: *Der Politische Witz in der NS-Zeit am Beispiel ausgesuchter SD-Berichte und Gestapo-Akten*, Frankfurt 1997 (Europäischer Verlag der Wissenschaften)

Abbildungsnachweise

Foto und Dokumente von Pfarrer J. Müller (S. 220/221)
© Bistumsarchiv Hildesheim

Urteil gegen Marianne Elise Kürschner (S. 218/219)
Mit freundlicher Genehmigung des Bundesarchivs Archivsignatur:
NJ 3670 (AZ: 10J 405/43g)

Foto von Traubert Petter mit Affen (S. 131)
© Fritz Petter

Cover von Hitler in der Karikatur der Welt (S. 130)
Quelle: Putzi Hanfstaengl: Hitler in der Karikatur der Welt, Verlag
Braune Bücher, Berlin 1933

GeStaPo-Gesuch um die Freilassung eines inhaftierten Witzeerzählers
(S. 222)
Quelle: Landesarchiv NRW, Hauptstaatsarchiv Düsseldorf,
RW 58-25083 Bl. 17

Personenregister

(Kursiv gesetzte Ziffern verweisen auf den Abbildungsteil)